「同対審」答申を読む

奥田 均
Okuda Hitoshi

解放出版社

「どうたいしんとうしん」って、なに？

　「どうたいしんとうしん」と聞いて、「同対審答申」という漢字を思い浮かべることができる人は多くありません。それが、1965（昭和40）年に出された「同和対策審議会答申」のことを意味しており、部落問題の解決にとってたいへん重要な文書であることまで理解している人はさらに少ないと思います。「読んだことがある」あるいは「内容まで知っている」ということにまでなると、推して知るべきでしょう。

　この文書は、総理府の付属機関としてあった同和対策審議会（木村忠二郎会長）に対して、1961（昭和36）年12月に内閣総理大臣より「同和地区に関する社会的及び経済的諸問題を解決するための基本的方策」を示すようにという諮問がなされたことに対する答申です。答申は、1965（昭和40）年8月11日に時の佐藤栄作内閣総理大臣に提出されました。その略称が「同対審」答申です。

　戦後日本は日本国憲法に象徴されるように、民主国家として再出発しました。憲法第11条では、「基本的人権は、侵すことのできない永久の権利」と謳われ、第13条では「生命、自由及び幸福追求」に対する権利が、また第14条では「法の下の平等」が明記されました。

　しかし、こうした憲法の理念は部落の上を素通りし、差別の実態は事実上放置されました。戦後の部落解放運動は、部落差別の解決に国を挙げて取り組むことを訴えました。こうしてようやく部落問題が社会的に認知されるに至ったのです。その契機をなしたのが「同対審」答申でした。戦後20年おくれの部落問題と日本国憲法の出合いです。

「同対審」答申は部落問題の解決に向けた本格的な取り組みの起点をなしただけではありません。その実践は今日にいたるさまざまな人権課題の発見を促し、憲法の理念を具体化する活動の端緒となりました。日本の人権史上、「同対審」答申の果たした役割は例えようもなく大きなものがあるといえるでしょう。

　みなさんとともに、今あらためて、「同対審」答申を読みたいと思います。

2015年4月　奥田　均

「同対審」答申を読む

●もくじ

序文「どうたいしんとうしん」って、なに？ ─────── 3

1 「同対審」答申のあらまし ──────────────── 7
　　（1）「同対審」答申の目次　7
　　（2）前文　8
　　（3）第1部　同和問題の認識　9
　　（4）第2部　同和対策の経過　16
　　（5）第3部　同和対策の具体案　17
　　（6）結語―同和行政の方向　20

2 「同対審」答申が出される経緯 ─────────────── 21
　　（1）部落解放運動の再建　21
　　（2）差別のとらえ方の発展　22
　　（3）行政糾弾闘争と国策樹立運動　24
　　（4）同和対策審議会の設置と答申　25

3 「同対審」答申の論点①
　　部落差別の存在認知 ──────────────── 27
　　（1）部落差別は存在する！　27
　　（2）差別のあらわれ方の定義と実態調査　28

4 「同対審」答申の論点②
　　部落問題解決の展望 ──────────────── 30

（1）部落問題は歴史的・社会的現象　*30*
　　（2）「宿命論」批判　*31*
　　（3）「寝た子を起こすな論」批判　*32*

5　「同対審」答申の論点③
　　「差別あるかぎり推進」する行政責任 ——————————— *33*

6　「同対審」答申の論点④
　　課題の具体的明示と総合性・計画性 ——————————— *35*

7　「同対審」答申の論点⑤
　　3つの法律の必要性 ————————————————— *37*
　　（1）答申が求めた3つの法律　*37*
　　（2）法律のもつ啓発効果　*38*

8　「同対審」答申の具体化 ————————————————— *39*
　　（1）同和対策事業特別措置法の制定　*39*
　　（2）同和対策事業にかかわる法律の変遷　*41*
　　（3）部落問題の根本的解決に資する法律を求めて　*43*

9　「地対協」意見具申 ————————————————————— *44*

10　「同対審」答申からの問いかけ ————————————————— *47*

資料1　同和対策審議会答申　*50*
資料2　地域改善対策協議会意見具申（1996年5月17日）　*103*

1 「同対審」答申のあらまし

(1)「同対審」答申の目次

　まず「同対審」答申の全体像を見ておくためにその目次を紹介しておきます。答申は、「前文」「第1部 同和問題の認識」「第2部 同和対策の経過」「第3部 同和対策の具体案」「結語―同和行政の方向」の5つの部分から構成されています。

　前文
　第1部　同和問題の認識
　　1　同和問題の本質
　　2　同和問題の概観
　　　（1）実態調査と同和問題
　　　（2）基礎調査による概況
　　　（3）精密調査による地区の概況
　第2部　同和対策の経過
　　1　部落改善と同和対策
　　2　解放運動と融和対策
　　3　現在の同和対策とその評価
　第3部　同和対策の具体案
　　1　環境改善に関する対策

　　　　（1）基本的方針
　　　　（2）具体的方策
　　2　社会福祉に関する対策
　　　　（1）基本的方針
　　　　（2）具体的方策
　　3　産業・職業に関する対策
　　　　（1）基本的方針
　　　　（2）具体的方策
　　4　教育問題に関する対策
　　　　（1）基本的方針
　　　　（2）具体的方策
　　5　人権問題に関する対策
　　　　（1）基本的方針
　　　　（2）具体的方策
　結語―同和行政の方向

（2）前文

　それでは順にその内容を見ることにします。まずは「前文」です。「前文」には、部落問題解決への審議会の並々ならぬ決意と、関係者への訴えが短い文章の中に込められています。その力強い原文を紹介します。

　　○いうまでもなく同和問題は人類普遍の原理である人間の自由と平等に関する問題であり、日本国憲法によって保障された基本的人権にかかわる課題である
　　○審議会はこれを未解決に放置することは断じて許されないことであり、その早急な解決こそ国の責務であり、同時に国民的課

題であるとの認識に立って対策の探究に努力した
○問題の解決は焦眉の急を要するものであり、いたずらに日を重ねることは許されない状態にある
○まさに同和問題を解決すべき絶好の機会というべきである
○政府においては、本答申の報告を尊重し有効適切な施策を実施して、問題を抜本的に解決し、恥ずべき社会悪を払拭して、あるべからざる差別の長き歴史の終止符が一日もすみやかに実現されるよう万全の処置をとられることを要望し期待するものである

（3）第1部　同和問題の認識

「前文」に続くのは「第1部 同和問題の認識」の項目です。それは「同和問題の本質」と「同和問題の概観」の2つのテーマから成り立っています。とりわけ「同和問題の本質」は、部落問題のとらえ方について記述されており、答申の心臓部にあたるところです。少し詳しく見ることにします。

●同和問題の本質
1 同和問題の定義がなされています。答申は同和問題を「重大な社会問題」であるととらえ、次のように述べています。

　　○いわゆる同和問題とは、日本社会の歴史的発展の過程において形成された身分階層構造に基づく差別により、日本国民の一部の集団が経済的・社会的・文化的に低位の状態におかれ、現代社会においても、なおいちじるしく基本的人権を侵害され、とくに、近代社会の原理として何人にも保障されている市民的権利と自由を完全に保障されていないという、もっとも深刻にし

て重大な社会問題である

2 さらに今日の同和問題の歴史的社会的根拠として、1871（明治4）年の「解放令」の不十分さと、日本の社会、経済、文化体制の特質を取り上げました。

　　○明治4年8月28日公布された太政官布告第61号により、同和地区住民は、いちおう制度上の身分差別から解放されたのである
　　○しかしながら、太政官布告は形式的な解放令にすぎなかった
　　○わが国の産業経済は「二重構造」といわれる構造的特質をもっている。すなわち、一方には先進国なみの発展した近代的大企業があり、他方には後進国なみの遅れた中小企業や零細経営の農業がある。（中略）なかでも、同和地区の産業経済はその最底辺を形成し、わが国経済の発展からとり残された非近代的部門を形成している
　　○このような経済構造の特質は、そっくりそのまま社会構造に反映している。すなわち、わが国の社会は、一面では近代的な市民社会の性格をもっているが、他面では、前近代的な身分社会の性格をもっている
　　○精神、文化の分野でも昔ながらの迷信、非合理的な偏見、前時代的な意識などが根づよく生き残っており、特異の精神風土と民族的性格を形成している
　　○このようなわが国の社会、経済、文化体制こそ、同和問題を存続させ、部落差別を支えている歴史的社会的根拠である

3 部落差別の存在を明確に認めました。そして、そのあらわれ方

を「心理的差別」と「実態的差別」という形に定義しました。

　○世間の一部の人々は、同和問題は過去の問題であって、今日の民主化、近代化が進んだわが国においては、もはや問題は存在しないと考えている。けれども、この問題の存在は、主観をこえた客観的事実に基づくものである
　○それを分類すれば、心理的差別と実態的差別とにこれを分けることができる
　○心理的差別とは、人々の観念や意識のうちに潜在する差別であるが、それは言語や文字や行為を媒介として顕在化する。たとえば、言葉や文字で封建的身分の賤称をあらわして侮蔑する差別、非合理的な偏見や嫌悪の感情によって交際を拒み、婚約を破棄するなどの行動にあらわれる差別である
　○実態的差別とは、同和地区住民の生活実態に具現されている差別のことである。たとえば、就職・教育の機会均等が実質的に保障されず、政治に参与する権利が選挙などの機会に阻害され、一般行政諸施策がその対象から疎外されるなどの差別であり、劣悪な生活環境、特種で低位の職業構成、平均値の数倍にのぼる高率の生活保護率、きわだって低い教育文化水準など同和地区の特徴として指摘される諸現象は、すべて差別の具象化であるとする見方である
　○このような心理的差別と実態的差別とは相互に因果関係を保ち相互に作用しあっている
　○部落差別は単なる観念の亡霊ではなく現実の社会に実在することが理解されるであろう

4 こうした差別の現実は取り組めば必ず解決できるとの立場を明

確にし、部落問題は解決不可能であるとする「宿命論」や、そっとしておけば自然に解決するという「寝た子を起こすな論」を否定しました。

- ○同和問題もまた、すべての社会事象がそうであるように、人間社会の歴史的発展の一定の段階において発生し、成長し、消滅する歴史的現象にほかならない
- ○いかなる時代がこようと、どのように社会が変化しようと、同和問題が解決することは永久にありえないと考えるのは妥当でない
- ○また「寝た子をおこすな」式の考えで、同和問題はこのまま放置しておけば社会進化にともないいつとはなく解消すると主張することにも同意できない

5 部落差別を定義し、同和問題解決の中心的課題として就労の問題を提起しました。

- ○近代社会における部落差別とは、ひとくちにいえば、市民的権利、自由の侵害にほかならない。市民的権利、自由とは職業選択の自由、教育の機会均等を保障される権利、居住および移転の自由、結婚の自由などであり、これらの権利と自由が同和地区住民にたいしては完全に保障されていないことが差別なのである
- ○同和地区住民に就職と教育の機会均等を完全に保障し、同和地区に滞留する停滞的過剰人口を近代的な主要産業の生産過程に導入することにより生活の安定と地位の向上をはかることが、同和問題解決の中心的課題である

●同和問題の概観

　同和対策審議会は、答申作成の基礎資料を得る目的で審議会内に調査部会を設け、調査を実施しました。「同和問題の概観」ではこうした調査の結果が示されています。まずは全体を概括して次のように述べています。

　　○一見平等とみられる就職、就学、結婚等の社会体制のなかに、いぜんとして厚い差別の壁があり、一般国民のなかにも、地区や地区住民に対して、感情、態度、意識、思想等による偏見が残存していることも指摘しなければならない
　　○同和地区における人口、住宅の過密性、道路、上下水道、居住形式など物的環境の荒廃状況はきわめて顕著である
　　○調査によって得られた結論は、部落差別の実態が、生活条件の劣悪さを誘致し、環境の悪化を生んでいるという点である

　そのうえで「基礎調査による概況」の項目において、（イ）都道府県別にみた状況、（ロ）地区別にみた状況、（ハ）規模別にみた同和地区の分布、（ニ）混住の状況、（ホ）就業の状態、（ヘ）生活保護法による保護の受給状況、が記されています。
　次に「精密調査による地区の概況」では、（イ）立地条件、（ロ）人口の状態、（ハ）家族と婚姻、（ニ）産業と職業、（ホ）教育の状況、（ヘ）生活環境、（ト）生活水準、（チ）生活福祉、（リ）同和問題意識、の項目立てで調査の結果が示されています。これらで取り上げられている主な点を紹介します。

1 同和地区の概況
　　○全国の同和地区数は4,160地区、地区内の世帯数は40万7,279世帯、地区内の総人口は186万9,748人、うち地区内の同和地区人口は111万3,043人であり、地区内の同和地区人口率は60%、全国の人口1,000人あたりの同和地区人口は11.8人となる
　　○今回の調査で把握された同和地区数、同和地区人口などは実際の数値を下まわっているものと思われる

2 同和地区の分布について
　　○地区別の分布は、全国4,160地区の4分の1をこえる1,059地区が中国地方にあり、関東の648、近畿の975、四国の553、九州の521、中部の363がこれにつぎ、北陸は39、東北は2となっている

3 同和地区の規模
　　○世帯数の規模による同和地区の分布は、20世帯未満の地区が28.8%で最も多く、20〜39世帯は21.5%で500世帯以上の地区は2.7%にすぎない。すなわち、全国同和地区の約50%は世帯数40未満の地区であり、残りの約半数も40〜99世帯の地区である

4 生活保護
　　○同和地区の100世帯当りの被保護世帯数は7.1となる。これを全国平均の3.2と比較するとその2倍を超えるというひらきがあり、同和地区内の被保護世帯は一般よりかなり多い

5 立地条件
　○同和地区は、伝統的に、きわめて劣悪な地勢的条件にある。(中略)そのため、同和地区は、洪水や大雨の時は大きな被害を受けることが多い

6 混住
　○一般的には、人口の離村向都の現象が目立ち、また都市的地区では一般人口の混住がみられる

7 結婚
　○結婚に際しての差別は、部落差別の最後の越え難い壁である。関係住民の結婚は、伝統的に「部落内婚」の封鎖的な形態をとり、ほとんどが同一地区住民か他地区住民との間で行なわれ、一般住民との通婚は、きわめて限られている

8 教育
　○中学生徒の進路状況は都市的地区、農村的地区ともに就職者が大部分であって、進学者は少なく、進学率は一般地区の半分で、30％前後である

9 生活環境
　○上水道設備の普及は、いぜんとして共同利用、あるいは井戸の利用という状態がみられる。都市的地区でさえも現在、井戸利用がまだ少なくない
　○共同便所の利用がまだ多くの地区にみられ、また非衛生な汲取式便所の改善はほど遠い

10 同和問題意識

○一般地区住民の同和地区および同和地区住民に対する直接的な感情、態度をみると、都市、農漁村地区に共通してみられる問題は、地区住民との交際が形式的に求められるとしても、本質的には一般地区住民の側からの交際は消極的であり、むしろそれをさけるという傾向があること。同和問題に関する正しい認識や知識をもたず、また問題解決に対しての積極的な熟慮がうかがわれないこと。地区によっては、地区住民の粗暴さ、態度、服装、教育程度、教養、貧困などの点に問題を認め、明らかに直接的差別の言動を示す場合もあることが認められた

(4) 第2部 同和対策の経過

「第2部 同和対策の経過」では、明治以降の取り組みが「部落改善と同和対策」、「解放運動と融和対策」、「現在の同和対策とその評価」という順に展開されています。それらをふまえて、これまで政府によって実施されてきた行政施策に対する総括的な評価がなされています。ここではその総括的評価の主な内容を紹介します。

○明治の末から大正の初めの頃までの政府による同和対策は、治安維持と窮民救恤の見地から行なわれた行政施策であって、その基本的性格は慈善的なものであったことを否めない

○大正中頃全国的に勃興した自主的な改善運動は同和地区住民の自覚のあらわれであったが、政府はそれにこたえて改善施策を積極的に行なうことをせず、限られた僅かな予算で改善事業を慈恵的に行なっていたにすぎなかった

○政府が同和問題の重要性を認識するに至った契機は、米騒動と水平社運動の勃興であった

○従来、政府によって行なわれた同和対策としての具体的な行政施策は、応急的であって、長期の目標に基づく計画性と複雑多岐な側面を持つ同和問題に即応する総合性とに欠けていたことは否定できない。(中略) 同和問題の根本的解決に対する政府の姿勢そのものに問題があったといわなければならない

○国の基本政策の中に同和対策を明確に位置づけ、行政組織のすべての機関が直接間接に同和問題の抜本的解決を促進するため機能するような態勢を整備し確立することが必要である

○国が同和対策のために投入する国庫支出は、その社会開発的意義と価値を正しく認識し、飛躍的増大をはかることこそもっとも必要なことである

○以上の評価に立つと、同和問題の根本的解決を目標とする行政の方向としては、地区住民の自発的意志に基づく自主的運動と緊密な調和を保ち、地区の特殊性に即応した総合的な計画性をもった諸施策を積極的に実施しなければならない

(5) 第3部 同和対策の具体案

「第3部 同和対策の具体案」では、今後の取り組みをどのように進めるのかの提案がなされています。その初めの部分で、同和行政なるものを次のように定義しました。

○現時点における同和対策は、日本国憲法に基づいて行なわれるものであって、より積極的な意義をもつものである

○その点では同和行政は、基本的には国の責任において当然行なうべき行政であって、過渡的な特殊行政でもなければ、行政外の行政でもない

○部落差別が現存するかぎりこの行政は積極的に推進されなけれ

ばならない

　そのうえで、①社会的、経済的、文化的に同和地区の生活水準の向上をはかり、一般地区との格差をなくすこと、②地区住民に対する差別的偏見を根絶すること、③同和問題を社会開発および経済開発の中に正しく位置づけ、前進する日本の政治態勢の中でその解決をはかること、を留意点としてあげています。

　こうした同和行政の定義や留意点をふまえて答申は、「1．環境改善に関する対策」「2．社会福祉に関する対策」「3．産業・職業に関する対策」「4．教育問題に関する対策」「5．人権問題に関する対策」の5つの分野について、それぞれ「基本的方針」と「具体的方策」を列記しました。ここでは各対策の「基本的方針」について重要と思われる点を紹介します。

1　環境改善に関する対策
　○同和対策としての環境改善対策は、健康で文化的な生活を営むため、その生活基盤である環境を改善し、地域にからむ差別的偏見をなくすことである。（中略）したがって、この対策の実施推進にあたっては現行の制度や施策にとらわれることなく、前向きの姿勢で積極的に取り組む必要があり、とくに、社会開発の重要な課題として計画的に推進されなければならない

2　社会福祉に関する対策
　○地区は「差別のなかの貧困」の状態におかれている
　○地区には一般平均をはるかにこえる生活保護受給率がみられるばかりでなく、疾病、犯罪、青少年非行など社会病理現象の集中化が顕著である

○したがって地区における社会福祉の問題は、単なる一般的な意味での社会福祉ではなく、差別と貧困がかたく結びついた同和問題としての社会福祉の問題としてとらえるべき

3 産業・職業に関する対策

○地区住民の生活はつねに不安定であり、経済的・文化的水準はきわめて低い。これは差別の結果であるが、同時にまた、それが差別を助長し再生産する原因でもある。かくて、同和問題の根本的解決をはかる政策の中心的課題の一つとしては、同和地区の産業・職業問題を解決し、地区住民の経済的・文化的水準の向上を保障する経済的基礎を確立することが必要である

4 教育問題に関する対策

○同和教育の中心的課題は法のもとの平等の原則に基づき、社会の中に根づよく残っている不合理な部落差別をなくし、人権尊重の精神を貫ぬくことである

○憲法と教育基本法の精神にのっとり基本的人権尊重の教育が全国的に正しく行なわれるべきであり、(中略) それは、同和地区に限定された特別の教育ではなく、全国民の正しい認識と理解を求めるという普遍的な教育の場において、考慮しなければならない

○同和教育は、学校教育、社会教育、さらに家庭教育をふくめたすべての教育の場で進められる。そのさいとくに必要となるのは地区と一般地区の別を問わず、同和問題に関して深い認識と理解をもつ指導者の不足していることである。(中略) 指導者の必要性が痛感される

○同和対策関係諸官庁の横の連絡には欠陥が多い

○学校教育における長欠、不就学の処置は、厚生省所管の生活保護ならびに社会保障との関連を必要とし、中学卒、高校卒の就職は、進路指導にともなって、労働省関係の職業訓練、就職斡旋と関係する

5 人権問題に関する対策
　　○審議会による調査の結果は、地区住民の多くが「就職に際して」「職業上のつきあい、待遇に関して」「結婚に際して」あるいは、「近所づきあい、または学校を通じてのつきあいに関して」差別をうけた経験をもっていることが明らかにされた。しかも、このような差別をうけた場合に、司法的もしくは行政的擁護をうけようとしても、その道は十分に保障されていない
　　○「差別事象」に対する法的規制が不十分であるため、「差別」の実態およびそれが被差別者に与える影響についての一般の認識も稀薄となり、「差別」それ自体が重大な社会悪であることを看過する結果となっている
　　○基本的人権の擁護を法務省の一内局である人権擁護局の所管事務とし、しかも民事行政を主掌する法務局および地方法務局に現場事務を取扱わせている現在の機構は再検討する必要がある

（6）結語─同和行政の方向

　最後の部分は「結語」です。これには「同和行政の方向」というサブタイトルが付けられているとおり、これまで答申で提起してきた認識や課題が確実に実施されるための「同和対策の要諦」が記されています。答申を絵に描いた餅に終わらせないための強い意志が感じられます。

○明確な同和対策の目標の下に関係制度の運用上の配慮と特別の措置を規定する内容を有する「特別措置法」を制定すること
○「同和対策推進協議会」の如き組織を国に設置すること
○国は、地方公共団体に対し同和対策事業の実施を義務づけるとともに、それに対する国の財政的助成措置を強化すること
○同和問題の根本的解決と同和対策の効率的な実施のためには、長期的展望の下に、総合計画を策定し、環境改善、産業、職業、教育などの各面にわたる具体的年次計画を樹立すること

2　「同対審」答申が出される経緯

(1) 部落解放運動の再建

　部落問題に対する日本国憲法の素通りに歯止めをかけ、「同対審」答申の作成にいたる20年間の空白を埋めたものは、戦後の部落解放運動の再建と発展です。敗戦間もない1946（昭和21）年2月に、京都で部落解放全国委員会が結成されました。戦前の水平社の活動家だけではなく、融和運動家をはじめさまざまな立場や考え方の部落出身者が「大同団結」した部落解放運動の再建です。

　戦時の軍隊においてさえ部落差別は根づよく存在していました。1975（昭和50）年に発覚した「部落地名総鑑」の作成者の一人であるTさんは、かつて体験した軍隊内での差別の実態を次のように語っています。「1941年（昭和16年）に軍隊に入隊し、岡山の部隊で

人事係の助手をやっていたが、その中でも部落差別は厳然として存在していた。たとえば、兵籍名簿の中で、部落出身者には、筆をさかさにして印をつけてありました」(解放新聞大阪版、1977年5月25日)

こうした戦前、戦時を貫く厳しい部落差別への怒りと解放への願いは、戦後の荒廃の中においても絶えることはなく、ここに戦後の部落解放運動の再出発が実現しました。

(2) 差別のとらえ方の発展

戦後の部落解放運動の飛躍の基礎を築いたのは、部落差別のとらえ方の発展です。戦前の水平社は「差別事象」と「差別意識」を差別の具体的なあらわれと受け止め、これに対する運動が基本となっていました。再建された部落解放全国委員会においてもその状況に大きな変化はありませんでした。それは、部落解放全国委員会第4回全国大会(1949年4月)の運動方針における次のような記述からもうかがえます。

「現在の解放運動もまた全水時代と同じように、差別問題に対する闘争が中心となっている。差別問題が起きると異常な熱意をもって活動するが、部落民衆の生活を安定させ、向上させるための経済闘争や文化闘争は積極的に行われない」。明らかに「部落差別のあらわれ」として受け止められている「差別問題」とは、差別事件のことであったのです。

こうした差別のとらえ方に一大転機を呼び起こしたのが、1951(昭和26)年の「オール・ロマンス闘争」です。この事件は、京都市の職員が、「特殊部落」という題名の小説を雑誌『オール・ロマンス』(1951年10月号)に掲載した出来事です。この小説はタイトルからもわかるとおりきわめて差別的であり、登場する部落や在日朝鮮人の劣悪な生活実態は犯罪の温床のごとく描かれ、読者の差別意識をか

き立てるものでした。

　この差別小説に対する京都市への糾弾闘争は差別の現実認識において画期をなすものとなりました。それは、この小説を書いた京都市職員の差別行為はもちろん問題であるが、同時に、そこに描かれている悲惨な部落の状況は事実として存在しており、それ自体が問題であるとした点です。ありのままに描けばこのようになる「部落の厳しい生活実態」そのものも「差別のあらわれ」としてとらえたのです。そのうえで、こうした差別実態を放置してきた行政の差別性を鋭く告発し、部落問題解決の行政責任を社会的に認知させました。

　部落の生活実態も「差別のあらわれ」としてとらえる認識は、この事件以降の全国大会の議案書においても登場しはじめます。部落解放全国委員会第8回全国大会（1953年3月）では、「差別の実体であり、差別観念をうみ出す基礎であるところの、きわめて低い差別的な生活」との規定が登場し、生活の実態を「差別の実体」としてとらえはじめていることがわかります。

　この考え方は、部落解放全国委員会が1955（昭和30）年に部落解放同盟へと名称を変更したあとも発展し、「われわれは、日々生起する一切の問題を部落問題として具体的にいうなら差別として評価しなければならない」（第11回全国大会、1956年10月）、「われわれ部落民に対する差別の基礎は、観念ではない。差別は一切の生活の実態そのもの、国の政治、行政の圧迫と放任の結果である」（第13回全国大会、1958年9月）などと、部落の生活実態そのものを部落差別のあらわれとしてとらえる部落問題認識が確立されていきます。

　明らかなように、こうした差別のとらえ方の発展が「同対審」答申における「心理的差別」と「実態的差別」という内容に反映され、これら差別の実態放置に対する行政責任が明記されていったのです。

（3）行政糾弾闘争と国策樹立運動

　「オール・ロマンス闘争」をきっかけに、部落差別の現実に対する行政の責任が鋭く問われ、差別行政糾弾闘争が各地で展開されていきました。鳥取山林解放闘争（1951年、鳥取）、西川県議差別事件（1952年、和歌山）、吉和中学校差別事件（1952年、広島）、福山結婚差別事件（1954年、広島）、河合村村長差別事件（1954年、奈良）、南光町山林解放闘争（1955年、兵庫）、金属屑営業条例反対闘争（1956年、大阪）など、闘いは全国に広がりました。こうしたなかで国も戦後はじめての同和予算を1953（昭和28）年に計上しました。

　差別の現実を告発し、差別の撤廃を訴える運動の広がりは各界各層に理解者・共鳴者を生み出していきました。1951（昭和26）年11月には、同和問題の早期解決を期す自治体関係者による全日本同和対策協議会（全同対）が生まれました。学校現場での同和教育の広がりは1953（昭和28）年5月に全国同和教育研究協議会（全同教）の結成にいたりました。またマスコミの差別報道に対する追及はマスメディアに社会的使命を覚醒させ、それを象徴するものとして1956（昭和31）年12月に朝日新聞が「部落・三百万人の訴え」を連載しました。研究者や文化人と呼ばれる人々の中にも協賛の輪が広がり、政治の世界でも1957（昭和32）年に社会党と共産党があいついで部落問題解決に向けた政策を発表しています。

　世論の広がりを背景に、部落解放同盟は1957（昭和32）年12月の第12回全国大会で「中央政府に対する全国的な行政闘争に発展させる」との大会宣言を発し、部落問題解決の国策樹立を求める方針を打ち出しました。翌1958（昭和33）年1月には、地方自治体や野党の代表ばかりか与党の自由民主党までもが参加した第1回部落解放国策樹立要請全国会議が開催されました。もはや部落問題の解決に

政府は取り組まざるをえないところにまでいたったのです。

（4）同和対策審議会の設置と答申

　こうしたなかで、「同和問題の解決のために必要な総合的施策の樹立その他同和地区に関する社会的及び経済的諸問題の解決に関する重要事項について調査審議」し、「内閣総理大臣の諮問に答申」することを目的として、1960（昭和35）年に「同和対策審議会設置法」（8月施行）が制定されました。総理府の付属機関としての同和対策審議会の誕生です。

　ところが政府はなかなか委員を任命せず、開店休業状態を放置しました。こうした事態に部落解放同盟は国策樹立請願運動を決定し、1961（昭和36）年9月から10月にかけて、西は福岡県から、東は長野県から東京へと部落解放要求貫徹請願の大行進を展開しました。そしてようやく1961（昭和36）年11月に関係行政機関職員11名、民間9名の審議会委員が任命され、12月に開催された第1回総会で諮問がなされました。それが冒頭に紹介した「同和地区に関する社会的及び経済的諸問題を解決するための基本的方策」を示すように、という諮問だったのです。審議会は答申を出すまでの4年間の活動期間中、実に総会を42回、部会を121回、小委員会を21回も開催しています。

　審議会と並行して、国会での議論も活発に展開されました。その先頭に立ったのが社会党の八木一男議員（奈良）でした。筆者は「同対審」答申20年の年であった1985（昭和60）年に、お連れあいの八木喜代子さんにインタビューを行い、当時の様子をうかがいました。喜代子さんはすでに亡くなられた一男さんの当時の様子を懐かしげに語ってくださいました。

　「国会質問の前など、夫はよく徹夜をして原稿をまとめていまし

た。できた原稿は、何回も声を出して読んで聞かされました。『君たちがわからなきゃいけない。君たちがおかしいと思うところは、こちらがおかしいんだから……』と言って、よく意見を求められたものです。国会へは、その質問に関して参考にした資料をすべて風呂敷につつんで、それを3つも4つも持っていきました。当時"八木の風呂敷"といえば有名だったのです。とくに同対審答申については、私に何度も何度も説明し、『先を見なきゃいけないし、今の現実に生きてなきゃダメだ。間違えちゃいけない。間違えちゃいけない』と口癖のように言い、苦労していました。佐藤首相に対しては、『わかってもらわなきゃならん』と言って、よく、直談判に押しかけ、そんな時はよっぽど力をいれてやってきたのか、本当に疲れた様子で帰ってきました。議員会館で佐藤首相と出くわした時などはよく、『奥さん、八木君のあのどなるのは何とかならないか』と冗談でよく言われたものです。答申が出されたときはよっぽどうれしかったのか、鼻うたを歌い『松本治一郎先生のおかげだ』と言いながら、食事に誘ってくれたことを今でもよく覚えています。まるで得意のダンスでもしそうな感じでした。」

　こうした多くの人々が流した汗と涙の彼方に、1965（昭和40）年8月11日、ついに「同対審」答申が出されました。

3 部落差別の存在認知

「同対審」答申の論点①

（1）部落差別は存在する！

　「同対審」答申が年を経てもその輝きを失わないのは、部落問題の解決をめざすための原理原則がそこに刻まれているからです。そしてそれは、差別問題を考えるうえでの原理原則といっても過言ではないでしょう。

　その第1の論点は、部落差別の現実があることをハッキリさせたことです。答申は「第1部 同和問題の認識」において、「世間の一部の人々は、同和問題は過去の問題であって、今日の民主化、近代化が進んだわが国においてはもはや問題は存在しないと考えている。けれども、この問題の存在は、主観をこえた客観的事実に基づくものである」と断言しました。一切の取り組みは差別の現実があるからこそ開始されるのであり、差別の存在の認知はすべての取り組みのスタートラインを形成する最重要の論点です。

　周知のとおり、差別の現実は自動的に認識されるものではありません。被差別当事者にとって差別の被害を訴えるという行為は、自らの社会的立場をカミングアウトすることを意味します。しかしそれは、差別のまなざしをいっそう強く被る可能性を意味するがゆえに、多くの場合は泣き寝入りを余儀なくされているのが現実です。部落問題における結婚差別がそうであり、ハンセン病回復者やHIV

陽性者、アイヌの人々やLGBT（性的マイノリティ）の人々などの場合も同様で、差別の現実が差別の可視化をねじ伏せています。

メディアもこうした差別の現実を取り上げることは稀であり、多くの市民は「もう部落差別なんて存在しない」、「あってもたいしたことではない」、「それは昔の話じゃないのか」と悪気なく思いこんでいるケースが広くあります。ましてや部落の厳しい生活実態やその背景、部落の人々の怒りや悲しみにまで心をはせることはなかなかできることではありません。そしてこうした「あるけれども見えない」部落差別の現実認識が、取り組みの発展を阻害してきたのです。

「同対審」答申はこうした現実に対して、部落問題は「もっとも深刻にして重大な社会問題である」、「この問題の存在は、主観をこえた客観的事実に基づくものである」（第１部 同和問題の認識）と、部落差別があるのかないのかの議論に決着を付け、取り組みの確固たる起点を築きました。

（２）差別のあらわれ方の定義と実態調査

「部落差別の現実が存在する」という答申の断定は、審議会委員の主観の表明ではありません。科学的な検証にもとづく客観性と説得力を有する必然的な見解でした。この結論を導くために、審議会はまず部落差別がどのような現象として立ちあらわれてくるのかを定義しました。答申は部落差別が「わが国の社会に潜在的または顕在的に厳存し、多種多様の形態で発現する」としたうえで、それを「心理的差別」と「実態的差別」に分類しました。その部分を再掲すると次のとおりです。

　　○心理的差別とは、人々の観念や意識のうちに潜在する差別であ

るが、それは言語や文字や行為を媒介として顕在化する。たとえば、言葉や文字で封建的身分の賤称をあらわして侮蔑する差別、非合理的な偏見や嫌悪の感情によって交際を拒み、婚約を破棄するなどの行動にあらわれる差別である
○実態的差別とは、同和地区住民の生活実態に具現されている差別のことである。たとえば、就職・教育の機会均等が実質的に保障されず、政治に参与する権利が選挙などの機会に阻害され、一般行政諸施策がその対象から疎外されるなどの差別であり、劣悪な生活環境、特種で低位の職業構成、平均値の数倍にのぼる高率の生活保護率、きわだって低い教育文化水準など同和地区の特徴として指摘される諸現象は、すべて差別の具象化であるとする見方である

　そしてこうした差別実態の存在を検証するために、審議会に調査部会を設け２つの調査を実施しました。ひとつは「昭和37年調査」と呼ばれる昭和38（1963）年１月１日現在の全国の同和地区に関する基礎調査です。この調査には全国37府県から回答が寄せられました（回答を寄せなかったのは北海道、青森、岩手、宮城、秋田、山形、東京、神奈川、宮崎の９都道県）。
　もうひとつは、1962（昭和37）年７月以降に16カ所の同和地区を抽出して実施された精密調査です。精密調査では、当該地区住民の実態だけではなく、周辺地区住民に対する意識調査も実施されました。「同和問題の概観」の項で取り上げたのは、これら２つの調査から導かれた結果です。こうして「以上の解明によって、部落差別は単なる観念の亡霊ではなく現実の社会に実在することが理解されるであろう」（第１部 同和問題の認識）と言い切ったのです。
　「差別の現実があるのか、ないのか」はいつの時代においても持

ち出される論点です。「同対審」答申はこれに対して、①まずは差別のあらわれ方についての定義を定めること、②そしてその答えを得るためには科学的な調査を実施すること、という原則を打ち出しました。もちろん取り組みの前進のなかで「差別のあらわれ方についての定義」も発展します。今日では、被差別当事者の心理面でのあらわれ方や、市民の日常生活に登場する差別的な調査やうわさ、忌避的態度なども取り上げることが提案されるようになりました。また調査も行政データの活用や質的調査の採用などにより、いっそう総合的な内容や方法が用いられるにいたっています。

差別の現実認識における答申が打ち出したこの2つの原則は差別問題を考える最初の第一歩として、今日にますますその重要性を高めています。

「同対審」答申の論点②
4 部落問題解決の展望

(1) 部落問題は歴史的・社会的現象

第2の論点は、部落問題は取り組めば必ず解決できると確信をもって明言したことです。答申は「第1部 同和問題の認識」において、「同和問題もまた、すべての社会事象がそうであるように、人間社会の歴史的発展の一定の段階において発生し、成長し、消滅する歴史的現象にほかならない」と断定しました。人間の営みが差別を創り上げてしまったのだから、人間の営みによって差別はなく

すことができると断言したのです。

　では明治以降の取り組みは、なぜ有効な結果を導き出せなかったのでしょうか。それについて答申は、「明治、大正時代の部落対策の改良主義的特徴は、同和地区住民の生活実態の劣悪性がわが国の社会経済体制の病理に由来することを理解せず、ただ単に地区住民の主体的条件を改善整備することによって同和問題の解決が実現されるとの認識にあった」（第２部　同和対策の経過）からだと結論づけています。

　つまり、部落の側に差別の原因があるのではなく、「わが国の社会、経済、文化体制こそ、同和問題を存続させ、部落差別を支えている歴史的社会的根拠である」（第１部　同和問題の認識）と、社会的諸関係のなかにおいて部落差別が形成されていることを示しました。そしてその当然の帰結として、こうした社会的諸関係の変革のなかにこそ部落差別撤廃の展望が存在することを示唆したのです。

（２）「宿命論」批判

　答申が部落問題は解決できることを強調している背景には、「宿命論」や「寝た子を起こすな論」といわれる考え方がまだまだ多くの人々の心をとらえていたことがあります。答申はあえてこうした考え方を取り上げて、次のように指摘しています。

　「いかなる時代がこようと、どのように社会が変化しようと、同和問題が解決することは永久にありえないと考えるのは妥当でない。また『寝た子をおこすな』式の考えで、同和問題はこのまま放置しておけば社会進歩にともないいつとはなく解消すると主張することにも同意できない」（第１部　同和問題の認識）

　「差別はどんなことをしてもなくならない」という「宿命論」は、取り組みに対する熱意を奪います。取り組んでも解決できない課題

にいったい誰が挑戦するでしょうか。「宿命論」は部落問題を解決しようとする努力に水を差すものとしてありました。

同時に「宿命論」は、部落の当事者に「一生差別から逃れることはできない」という絶望を与えます。自分を部落に生んだ親を恨み、自尊感情を傷つけることさえ生じます。また、希望を来世に託しての信仰への依存や、ハングリーな「実力の世界」への期待など、さまざまな心模様、人生模様を織りなしてきました。そしてどうあがいても差別から逃れることはできないという諦めは、時には自ら命を絶つという取り返しのつかない悲劇の引き金にもなったのです。「宿命論」の否定は、この世での「よき日」の実現を約束したのです。

（3）「寝た子を起こすな論」批判

答申が強く否定したもうひとつの考え方、それが「寝た子を起こすな論」です。「生まれたばかりの赤ちゃんは部落問題など知らない。だから知らせないままにそっとしておけばよい。そうすればやがて部落問題を知らない人ばかりとなり、自然とこの問題は消えていく。『寝た子を起こす』ような教育や啓発は行わないほうがよい。逆効果である」という主張です。

この考え方は、明治以降「同和教育や人権啓発」が不在の時代が続き、「寝た子を起こすな論」が長きにわたって実践されたにもかかわらず、部落差別の実態がむしろ強まっていったという歴史的事実に反します。

また、私たちの知識や認識は、学校教育や行政による啓発によってのみ形成されているのではなく、むしろ大部分は日常生活を過ごすうえでのさまざまな情報や経験によって築かれているのです。そしてその日常生活で流布されている部落問題に関する情報は間違っ

ていたり、偏見に満ちていたりする内容が多くを占めているのです。ですから、学校教育や行政による啓発を行わないということは、市民が「部落問題を知らなくなる」ということではなく、往々にして「部落問題を差別的に知ってしまう」ことを意味します。

「寝た子を起こすな論」を支持する人はなお多く存在します。そしてその大半は、「部落問題を解決しよう」という善意に支えられています。しかし善意が必ずしも正しいとは限りません。「寝た子を起こすな論」は、部落解放運動を否定し、部落問題解決への営みの前に立ちはだかる壁でした。それゆえ答申は、これを全面否定したのです。

5 「同対審」答申の論点③ 「差別あるかぎり推進」する行政責任

答申の第3の論点、それは部落問題の解決は行政の責任であると言い切ったことです。それを象徴する文言が「前文」にある「その早急な解決こそ国の責務であり、同時に国民的課題である」との一節です。

「第2部 同和対策の経過」の紹介においても取り上げたとおり、戦前にも国は部落問題に対する取り組みを実施しています。しかしそれは「治安維持と窮民救恤の見地から行なわれた行政施策であって、その基本的性格は慈善的なものであったことを否めない」ものであり、「限られた僅かな予算で改善事業を慈恵的に行なっていたにすぎなかった」のです。

困っているから助けてやる、困窮状態を放っておくと治安を乱しかねないから手を打っておく、といったまさに「お恵み」と「対策」の産物であったことを答申は厳しく指摘しました。こうした認識を根本的にくつがえし、部落問題の解決を行政の責任として受け止めるにいたるには、戦後の部落解放運動による差別行政糾弾闘争やその後の国策樹立の運動を待たなければならなかったことはすでに取り上げたとおりです。

　答申は「前文」で、「同和問題は人類普遍の原理である人間の自由と平等に関する問題であり、日本国憲法によって保障された基本的人権にかかわる課題である」と規定し、「現時点における同和対策は、日本国憲法に基づいて行なわれるもの」であると、基本的人権の尊重を謳った日本国憲法を同和行政の法的根拠として位置づけました。そして、「第3部 同和対策の具体案」において、「同和行政は、基本的には国の責任において当然行なうべき行政であって、過渡的な特殊行政でもなければ、行政外の行政でもない」とあらためて国の当然の責務を再確認しています。

　「部落差別が現存するかぎりこの行政は積極的に推進されなければならない」（第3部 同和対策の具体案）との一文は、同和行政とは何たるものであるのかというその本質を端的に言い当てています。そしてのちの世代に、部落問題解決のその日までぶれることなくその行政責任を遂行することを念押ししています。

　なお、答申に登場する「国の責務・責任」の表現は、これが国に対する答申であるためのものであり、その内容は都道府県や市町村も含めた「行政の責務・責任」と解されるべきであることはいうまでもありません。

6 「同対審」答申の論点④
課題の具体的明示と総合性・計画性

　第4の論点は、部落問題の解決に向けた課題を答申が実に具体的に提起している点です。そのために設けられた「第3部 同和対策の具体案」は、結果、答申全文の約3分の1を占めるボリュームになっています。先の「『同対審』答申のあらまし」の項ではこのうち、各課題の「基本方針」の部分を取り上げましたが、そのあとに続く「具体的方策」の部分では、文字どおり、取り組み課題が実に具体的に列記されていることに驚かされます。たとえば次のような具合です。

　「地区道路、下水排水施設、橋梁施設等の整備拡充、隣保館、共同作業場等の共同利用施設の整備拡充、その他共同井戸、共同炊事洗濯場、共同便所、墓地移転、納骨室、火葬場、ごみ焼却炉、し尿貯溜槽、と場移転等の各種施設の整備拡充をはかること」（生活環境の整備）、「既設の隣保館、公民館、集会所などを、総合的見地に立って拡充し、その施設のない地区には新設して、欧米諸国にみられるコミュニティセンターのごとき総合的機能をもつ社会施設を設置するとともに、指導的能力ある専門職員を配置すること」（社会福祉）、「動力、機械、科学技術等の導入、作業場、倉庫等共同利用施設の整備拡充などに必要な経費の補助と技術改良の指導を積極的に行なうこと」（農林水産）、「対象地区関係の就職者が要望する場合は雇用促進事業団において身元保証を行なうこと」（就業）、「高

等学校以上への進学を容易にするため特別の援助措置をすること」（教育）、「差別事件の実態をまず把握し、差別がゆるしがたい社会悪であることを明らかにすること」（人権）、「人権擁護機関の活動を促進するため、根本的には人権擁護機関の位置、組織、構成、人権擁護委員に関する事項等、国家として研究考慮し、新らたに機構の再編成をなすこと」（人権）、などなどです。

　見てのとおり、答申は決して考え方や決意の表明に終わっているものではありません。部落問題解決への姿勢が真剣であればあるほど、「明日からの取り組み」にまで言及せざるをえなかったのです。のちに制定される同和対策事業特別措置法における諸事業は、書き込まれたこれら「具体的方策」がベースになりました。

　事業展開にかかわってもうひとつ大切な指摘は、取り組みにおける総合性と計画性を強調している点です。「従来、政府によって行なわれた同和対策としての具体的な行政施策は、応急的であって、長期の目標に基づく計画性と複雑多岐な側面を持つ同和問題に即応する総合性とに欠けていたことは否定できない」（第2部 同和対策の経過）との総括に立って、答申は「結語―同和行政の方向」の最後を次のように締めくくりました。「同和問題の根本的解決と同和対策の効率的な実施のためには、長期的展望の下に、総合計画を策定し、環境改善、産業、職業、教育などの各面にわたる具体的年次計画を樹立すること」。

　具体性、総合性、計画性、それらは部落問題解決への本気度を推しはかる物差しとして今日に生きつづけています。

7 3つの法律の必要性

「同対審」答申の論点⑤

（1）答申が求めた3つの法律

　答申の第5の論点、それは部落問題の解決には3つの法律が必要であることを明示したことです。3つの法律とは、同和対策事業にかかわる「特別措置法」と差別禁止法、そして人権侵害救済法（人権委員会設置法）です。

　同和対策事業にかかわる「特別措置法」については、答申の「結語─同和行政の方向」において、「明確な同和対策の目標の下に関係制度の運用上の配慮と特別の措置を規定する内容を有する『特別措置法』を制定すること」と明記されています。この提案をふまえて、1969（昭和44）年に同和対策事業特別措置法が制定されました。

　あとの2つの法律については、「第3部 同和対策の具体案」の中の「5.人権問題に関する対策」の中に登場します。いわく、「差別に対する法的規制、差別から保護するための必要な立法措置を講じ、司法的に救済する道を拡大すること」。いわゆる差別禁止法と人権侵害救済法（人権委員会設置法）の必要性を述べたものです。

　とりわけ差別禁止法の必要性については同じ項で字数を割き、現状を次のように愁えています。「もし国家や公共団体が差別的な法令を制定し、あるいは差別的な行政措置をとった場合には、憲法14条違反として直ちに無効とされるであろう。しかし、私人について

は差別的行為があっても、労働基準法や、その他の労働関係法のように特別の規定のある場合を除いては『差別』それ自体を直接規制することができない」と。結婚差別のような私人間行為（市民と市民とのあいだでの出来事）での差別は法的に規制できず、事実上放置せざるをえない状況を指摘しています。

　もちろん、民事での損害賠償請求は可能です。しかし「『差別』それ自体を直接規制すること」ができていないもとでは、「『差別』それ自体の不当性を提訴すること」もできないのです。また、特定の個人に対する差別については名誉毀損罪に問うこともできますが、「部落出身者」といった不特定多数に対する差別煽動などはこれに問うことはできません。1975年に発覚した「部落地名総鑑」差別事件が結局は何も法的措置をとることができず、現在でも、規制条例のある一部の自治体を除いて、その作成や販売を法的に規制できないのはそのためです。「言論の自由」とばかりに放置せざるをえないヘイト・スピーチ問題も同じです。

（2）法律のもつ啓発効果

　さらに注目すべきは、差別禁止法や人権侵害救済法（人権委員会設置法）のもつ大きな啓発効果に着目し、答申がこれらの法律の未整備による重大なマイナスの影響を喝破していることです。答申は述べています。「『差別事象』に対する法的規制が不十分であるため、『差別』の実態およびそれが被差別者に与える影響についての一般の認識も稀薄となり、『差別』それ自体が重大な社会悪であることを看過する結果となっている」（第３部 同和対策の具体案　5．人権問題に関する対策）と。見事な指摘というほかはありません。

　答申が取り上げたこうした「法律のもつ啓発効果」は、禁煙意識の形成における健康増進法の制定（2002年）の影響を見ても明らか

です。あれよあれよという間に「禁煙の世間」が形成され、喫煙者には肩身の狭い社会が見事に創り上げられました。同様に、差別禁止法や人権侵害救済法（人権委員会設置法）の制定は、差別者には肩身の狭い「人権の世間」づくりに大いに貢献することでしょう。

　そして答申は、「法律のもつ啓発効果」は「逆も真なり」だと警鐘を鳴らしたのです。その現実を私たちは「地対財特法」（地域改善対策特定事業に係る国の財政上の特別措置に関する法律）の失効によるその後の一部自治体の動向に見ることができるのではないでしょうか。「同和問題」どころか「人権」の文字すら登場しないわずか5カ条の財政特例法にすぎない法律であっても、それがなくなった途端にマイナスのアナウンス効果が発生し、まるで「同和行政は必要がなくなった」と言わんばかりの傾向が生じたところがあるのです。

　差別禁止法や人権侵害救済法（人権委員会設置法）の制定は、その直接的な役割だけではなく、差別は許されないものであるという社会意識の形成や社会規範の確立に大きく寄与するものであることを答申はこの時すでに説いていました。

8 「同対審」答申の具体化

(1) 同和対策事業特別措置法の制定

　1965（昭和40）年8月11日に「同対審」答申は出されました。しかしそのすべての内容がただちに具体化されていったわけではあり

ません。答申を創り出したのと同じように、多くの人々の努力が、答申の志と提案を一つひとつ実らせていきました。その歩みを「法律」に焦点をあてて見ておくことにします。

　最初の大きな成果は、同和対策事業特別措置法が1969（昭和44）年に制定されたことです。この法律は先にも述べたとおり、答申の「結語―同和行政の方向」で提案されている「明確な同和対策の目標の下に関係制度の運用上の配慮と特別の措置を規定する内容を有する『特別措置法』を制定すること」の具体化であり、10年間の時限立法として成立しました。

　同法の目的は、「同和対策事業の目標を明らかにするとともに、この目標を達成するために必要な特別の措置を講ずることにより、対象地域における経済力の培養、住民の生活の安定及び福祉の向上等に寄与すること」（第1条）と記されています。そして第6条（国の施策）では、答申「第3部　同和対策の具体案」で列記された「生

図1　政府の同和予算の推移（単位：100万円）

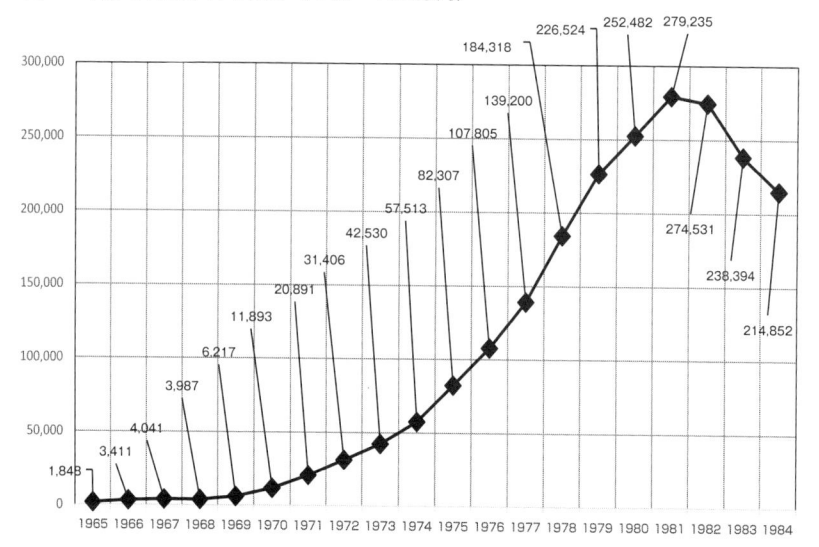

活環境の改善」などの事業課題が7分野にわたって提示されています。第7条から第10条では、これら事業に必要な費用についての国の財政上の特例措置について述べられ、第11条では、関係行政機関等の協力が規定されています。

　しかしこの法律もまた、ただちに全面展開されたのではありませんでした。図1は、「答申」が出された1965（昭和40）年から1969（昭和44）年の同和対策事業特別措置法制定以降の政府の同和予算の推移をあらわしたものです。これを見ると本格的に同和対策事業が広がっていくのは同法期限の後半である1970年代半ば以降であることがわかります。国の担当省庁である総理府に同和対策室が設置されたのも1974（昭和49）年のことでした。国民運動として発展を遂げていった部落解放運動は、これら一歩一歩の前進を促していきました。

（２）同和対策事業にかかわる法律の変遷

　同和対策事業特別措置法は10年の期限が1978（昭和53）年度で切れましたが、3年延長されました。

　そのあとを引き継いだのが1982（昭和57）年からの地域改善対策特別措置法です。しかしこの法律は名称や本文から「同和」の名がとられ、事業も政令事項となりました。そしてこの年から、それまで増加の一途をたどってきた同和予算は減少の道をたどります。

　地域改善対策特別措置法は5年間の時限立法で、1986（昭和61）年度で期限を迎えました。そこで制定されたのが、「地域改善対策特定事業に係る国の財政上の特別措置に関する法律」いわゆる「地対財特法」です。同法は、国の財政補助率や地方債の発行、元利償還金への対応などを記したわずか5カ条の法律で、事業の理念や目的なども触れられることのない単なる財政特例法になっていました。

図2　同和行政 年表

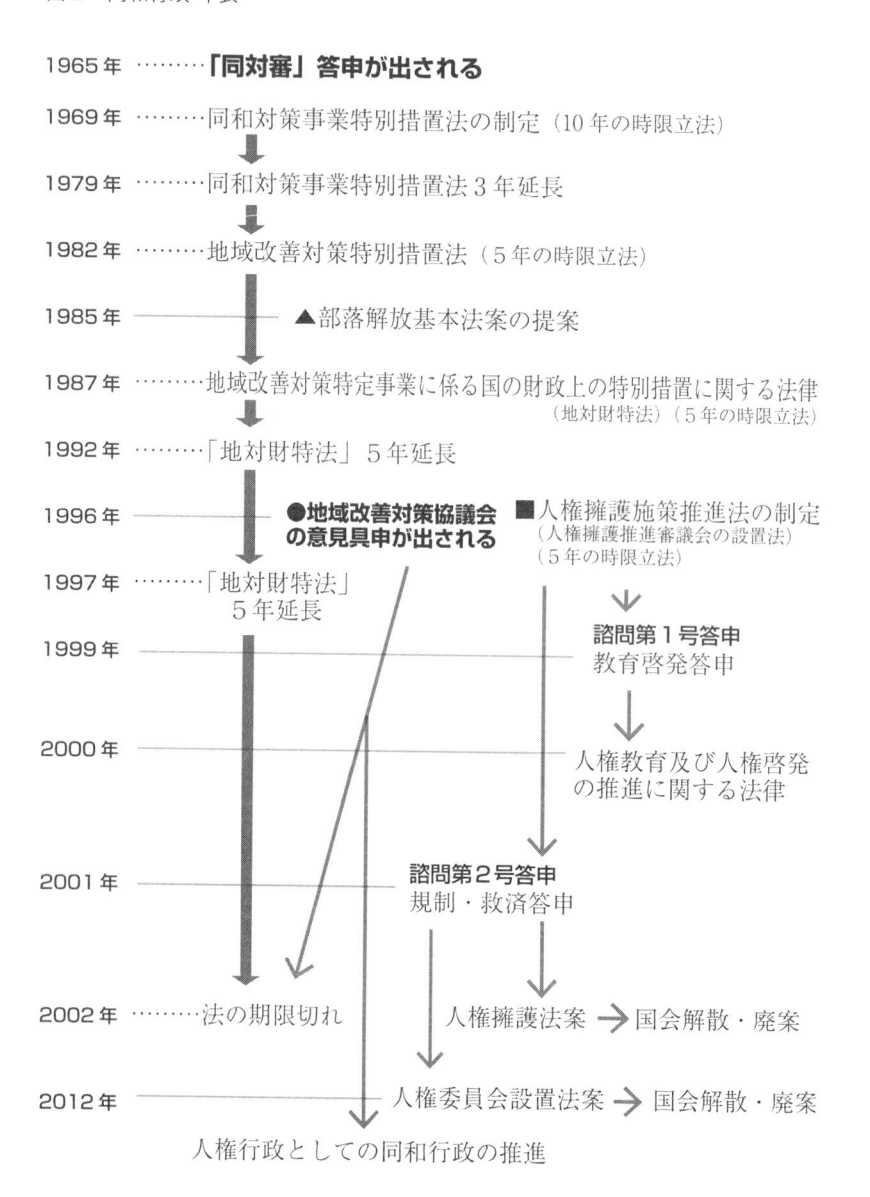

1965年 ……… **「同対審」答申が出される**

1969年 ……… 同和対策事業特別措置法の制定（10年の時限立法）

1979年 ……… 同和対策事業特別措置法3年延長

1982年 ……… 地域改善対策特別措置法（5年の時限立法）

1985年 ────── ▲部落解放基本法案の提案

1987年 ……… 地域改善対策特定事業に係る国の財政上の特別措置に関する法律
（地対財特法）（5年の時限立法）

1992年 ……… 「地対財特法」5年延長

1996年 ──── ●地域改善対策協議会　■人権擁護施策推進法の制定
の意見具申が出される　（人権擁護推進審議会の設置法）
（5年の時限立法）

1997年 ……… 「地対財特法」5年延長

1999年 ────── 諮問第1号答申
教育啓発答申

2000年 ────── 人権教育及び人権啓発
の推進に関する法律

2001年 ────── 諮問第2号答申
規制・救済答申

2002年 ……… 法の期限切れ　人権擁護法案 → 国会解散・廃案

2012年 ────── 人権委員会設置法案 → 国会解散・廃案

人権行政としての同和行政の推進

1987（昭和62）年からはじまるこの法律も5年間の時限立法として制定されましたが、一部法改正を含みながら二度にわたり延長されて、2002（平成14）年3月に法期限切れを迎えました。ここに、33年間にわたる同和対策事業にかかわる法律の歴史は幕を閉じます。

　なおこの33年間、同和対策事業をいっさい受けてこなかった部落が多数存在します。部落解放同盟は、「未指定地区」と呼ばれるこうした同和対策事業未実施地区が全国に約1,000カ所あることを明らかにしています。

（3）部落問題の根本的解決に資する法律を求めて

　「同対審」答申は、部落の生活実態の改善だけを訴えたのではありません。その意味で、1969（昭和44）年制定の同和対策事業特別措置法やそのあとに続く事業法は、部落問題の根本的解決を求めた答申の一部分を具体化したものにすぎないといえます。部落解放運動は答申の理念をより全面的に実現するものとして、地域改善対策特別措置法の期限切れを前にした1985（昭和60）年に「部落解放基本法案」を提案しました。

　「部落解放基本法案」は、①部落問題の根本的解決の重要性を明らかにする「宣言法的部分」、②人権意識の高揚を求める「教育・啓発法的部分」、③悪質な差別を法的に禁止するとともに人権委員会を設置することによって差別の被害者を効果的に救済することを求める「規制・救済法的部分」、④劣悪な部落の実態の改善をはかるための事業実施を求める「事業法的部分」、⑤部落問題の解決をはかるため国および地方自治体での体制の整備と学識経験者の参画を得た審議会の設置を求める「組織法的部分」の5つの内容から構成されるものでした。

　しかし基本法への壁は厚く険しいものでした。こうしたなかで

1987（昭和62）年に先の「地対財特法」が制定されたのですが、同法の１回目の延長期限であった1996（平成8）年に人権擁護施策推進法が制定されます。これは、「人権尊重の理念に関する国民相互の理解を深めるための教育及び啓発に関する施策の総合的な推進」（諮問第１号）および「人権が侵害された場合における被害者の救済に関する施策の充実」（諮問第２号）に関する事項を調査審議するための人権擁護推進審議会を設置する５年間の時限立法でした。

人権擁護推進審議会は1999（平成11）年に諮問第１号に関する答申を出し、これをふまえて2000（平成12）年12月に「人権教育及び人権啓発の推進に関する法律」が制定されました。

諮問第２号への答申は2001（平成13）年に出され、これを受けて「人権擁護法案」が2002（平成14）年３月に閣議決定され、国会に提出されました。しかし同法案は翌年10月の国会解散によって廃案となりました。2009（平成21）年７月に発足した民主党政権は、2012（平成24）年11月に「人権委員会設置法案」を閣議決定し、国会に提出しましたが、これも国会の解散により廃案となりました。

「同対審」答申が求めた差別禁止法や人権侵害救済法（人権委員会設置法）はいまだ実現していません。

9 「地対協」意見具申

1996（平成8）年５月に、国の地域改善対策協議会（地対協、宮崎繁樹会長）は「同和問題の早期解決に向けた今後の方策の基本的な

在り方について」と題する意見具申を出しました。この意見具申は、2002（平成14）年３月の「地対財特法」の期限切れをもって同和対策事業にかかわる法律を終了することを打ち出すという戦後同和行政の一大転機をもたらすものでした。

　この意見具申は、「同対審」答申が出されて以降の同和行政を総括し、同和対策事業なきあとの同和行政の基本姿勢を明示したものとして大きな意味をもつものです。「同対審」答申と一連のものとして、この意見具申を読み直すことは重要です。そのポイントを５点に絞り紹介しておきます。

1 意見具申はあらためて「同対審」答申の意義を再確認しました。

　　○昭和40年の同対審答申は、あらゆる意味で今日までの対策の基礎になってきた。同和問題の解決は国の責務であると同時に国民的課題であるとの基本認識を明確にし、国や地方公共団体の積極的な対応を促したことなど、同和問題の解決を図る上でこの答申が果たした歴史的意義は極めて大きい。答申がなされてから既に30年余り経過しているが、同和問題の早期解決に向けて、この答申の趣旨を今後とも受け継いでいかなければならない

と、答申の意義をあらためて評価し、今後とも指針としての意義をもっていることを確認しました。

2 意見具申は同和対策事業にかかわる法律の終了を打ち出しましたが、これによって部落問題解決の取り組みも終了してもよいのだという間違ったとらえ方がされることがないように何度も念を押し

ています。

> ○同対審答申は、「部落差別が現存するかぎりこの行政は積極的に推進されなければならない」と指摘しており、特別対策の終了、すなわち一般対策への移行が、同和問題の早期解決を目指す取組みの放棄を意味するものでないことは言うまでもない
> ○現行の特別対策の期限をもって一般対策へ移行するという基本姿勢に立つことは、同和問題の早期解決を目指す取組みの放棄を意味するものではない
> ○国及び地方公共団体は一致協力して、残された課題の解決に向けて積極的に取り組んでいく必要がある

3 部落問題が未解決であり、差別の現実がなお存在していることを認知しました。

> ○同和問題は多くの人々の努力によって、解決へ向けて進んでいるものの、残念ながら依然として我が国における重要な課題と言わざるを得ない
> ○同和問題は過去の課題ではない

4 同和問題の解決を「戦後民主主義の真価」が問われている課題とし、一日も早いその解決は「国際的な責務」であるとの認識を示しました。そして「同和問題を人権問題という本質から捉え、解決に向けて努力する必要がある」ことを提案しました。

5 「従来の対策を漫然と継続していたのでは同和問題の早期解決にいたることは困難」であるとして、「地対財特法」の期限をもっ

てこれまでの特別対策を終了することを打ち出し、一般対策に工夫を加えつつ対応することを求めました。

こうして、同和対策事業のない時代においても、「同対審」答申の基本認識やその意義が、部落問題解決のその日まで脈々と受け継がれていくべきことを再度明確に確認することを求めました。

10 「同対審」答申からの問いかけ

「同対審」答申を読み進めてきました。それは1965（昭和40）年に出された答申の一言一句を金科玉条のごとく守りつづけるためではありません。あたり前のことですが、答申が出されて以降今日まで、世の中は大きく変わりました。部落差別の現実もこうした社会状況の変化や部落解放運動の発展、同和行政の推進や各界各層における市民活動の展開によって解決に向けて前進しています。とりわけ「同和問題の概観」に示された部落の実態の変化は顕著です。ですから、答申には今日から見て現状に合わない点や不十分な点があることは事実です。

しかしこのことは、答申が単なる過去の歴史的文書にすぎず、今日ではとるに足りないものになってしまっていることを意味しているのではありません。「地対協」の意見具申が指摘しているように、「同和問題の早期解決に向けて、この答申の趣旨を今後とも受け継いでいかなければならない」のです。なぜならそこには、時を経て

も色あせることのない、同和行政をはじめとする部落問題解決のための取り組みの原則が書き込まれているからです。そしてそれは人権行政をはじめとする他の人権課題の解決においても共通する基礎基本となっているのです。

　私はそれを「同対審」答申の５つの論点として提示しました。すなわち、
①部落差別の現実があることの認知とそのための調査の実施が不可欠であること
②部落差別は人間の営みによって解決できる歴史的現象であり、「宿命論」や「寝た子を起こすな論」は間違っていること
③部落差別があるかぎり、その解消は行政責任であること
④総合性と計画性をもった具体的な取り組みの展開が必要であること
⑤差別の撤廃には特別対策事業のための法律のほかに、新たに「差別禁止法」と「人権侵害救済法（人権委員会設置法）」が必要であること
です。

　そしてこれらの点を貫き通しているのが、「何としても部落問題を解決する」という明確で確固たる意志です。「同対審」答申は私たちに、部落問題の解決に対する本気度を、今も問いかけています。

資料

同和対策審議会答申 50
地域改善対策協議会意見具申 103
（1996年5月17日）

同和対策審議会答申

昭和40年8月11日

内閣総理大臣
　　佐 藤 栄 作 殿

同和対策審議会

会長　木 村 忠二郎

　昭和36年12月7日総審第194号をもって、諮問のあった「同和地区に関する社会的及び経済的諸問題を解決するための基本方策」について審議した結果、別紙のとおり答申する。

目次

前文 ――――――――――――――――――― 51
第1部　同和問題の認識 ―――――――――― 52
　1. 同和問題の本質　52
　2. 同和問題の概観　57
　　（1）実態調査と同和問題　57
　　（2）基礎調査による概況　59
　　（3）精密調査による地区の概況　64
第2部　同和対策の経過 ―――――――――― 71
　1. 部落改善と同和対策　71

2．解放運動と融和対策　*74*
　3．現在の同和対策とその評価　*79*
第3部　同和対策の具体案 ———————————————— *83*
　1．環境改善に関する対策　*84*
　　（1）基本的方針　*84*
　　（2）具体的方策　*86*
　2．社会福祉に関する対策　*87*
　　（1）基本的方針　*87*
　　（2）具体的方策　*88*
　3．産業・職業に関する対策　*89*
　　（1）基本的方針　*89*
　　（2）具体的方策　*91*
　4．教育問題に関する対策　*93*
　　（1）基本的方針　*93*
　　（2）具体的方策　*96*
　5．人権問題に関する対策　*99*
　　（1）基本的方針　*99*
　　（2）具体的方策　*100*
結語―同和行政の方向 ————————————————————— *101*

前　文

　昭和36年12月7日内閣総理大臣は本審議会に対して「同和地区に関する社会的及び経済的諸問題を解決するための基本的方策」について諮問された。いうまでもなく同和問題は人類普遍の原理である人間の自由と平等に関する問題であり、日本国憲法によって保障された基本的人権にかかわる課題である。したがって、審議会はこれを未解決に放置することは断じて許されないことであり、その早急な解決こそ国の責務であり、

同時に国民的課題であるとの認識に立って対策の探究に努力した。その間、審議会は問題の重要性にかんがみ存置期限を二度にわたって延長し、同和地区の実情把握のために全国および特定の地区の実態の調査も行なった。その結果は附属報告書のとおりきわめて憂慮すべき状態にあり、関係地区住民の経済状態、生活環境等がすみやかに改善され平等なる日本国民としての生活が確保されることの重要性を改めて認識したのである。

したがって、審議もきわめて慎重であり、総会を開くこと42回、部会121回、小委員会21回におよんだ。

しかしながら、現在の段階で対策のすべてにわたって具体的に答申することは困難である。しかし、問題の解決は焦眉の急を要するものであり、いたずらに日を重ねることは許されない状態にあるので、以下の結論をもってその諮問に答えることとした。

時あたかも政府は社会開発の基本方針をうち出し、高度経済成長に伴う社会経済の大きな変動がみられようとしている。これと同時に人間尊重の精神が強調されて、政治、行政の面で新らしく施策が推進されようとする状態にある。まさに同和問題を解決すべき絶好の機会というべきである。

政府においては、本答申の報告を尊重し有効適切な施策を実施して、問題を抜本的に解決し、恥ずべき社会悪を払拭して、あるべからざる差別の長き歴史の終止符が一日もすみやかに実現されるよう万全の処置をとられることを要望し期待するものである。

第1部　同和問題の認識

1．同和問題の本質

いわゆる同和問題とは、日本社会の歴史的発展の過程において形成された身分階層構造に基づく差別により、日本国民の一部の集団が経済

的・社会的・文化的に低位の状態におかれ、現代社会においても、なおいちじるしく基本的人権を侵害され、とくに、近代社会の原理として何人にも保障されている市民的権利と自由を完全に保障されていないという、もっとも深刻にして重大な社会問題である。

　その特徴は、多数の国民が社会的現実としての差別があるために一定地域に共同体的集落を形成していることにある。最近この集団的居住地域から離脱して一般地区に混在するものも多くなってきているが、それらの人々もまたその伝統的集落の出身なるがゆえに陰に陽に身分的差別のあつかいをうけている。集落をつくっている住民は、かつて「特殊部落」「後進部落」「細民部落」など蔑称でよばれ、現在でも「未解放部落」または「部落」などとよばれ、明らかな差別の対象となっているのである。

　この「未解放部落」または「同和関係地区」（以下単に「同和地区」という。）の起源や沿革については、人種的起源説、宗教的起源説、職業的起源説、政治的起源説などの諸説がある。しかし、本審議会は、これら同和地区の起源を学問的に究明することを任務とするものではない。ただ、世人の偏見を打破するためにはっきり断言しておかなければならないのは、同和地区の住民は異人種でも異民族でもなく、疑いもなく日本民族、日本国民である、ということである。

　すなわち、同和問題は、日本民族、日本国民のなかの身分的差別をうける少数集団の問題である。同和地区は、中世末期ないしは近世初期において、封建社会の政治的、経済的、社会的諸条件に規制せられ、一定地域に定着して居住することにより形成された集落である。

　封建社会の身分制度のもとにおいては、同和地区住民は最下級の賤しい身分として規定され、職業、住居、婚姻、交際、服装等にいたるまで社会生活のあらゆる面できびしい差別扱いをうけ、人間外のものとして、人格をふみにじられていたのである。しかし明治維新の変革は、同和地区住民にとって大きな歴史的転換の契機となった。すなわち、明治4年8月28日公布された太政官布告第61号により、同和地区住民は、いち

おう制度上の身分差別から解放されたのである。この意味において、歴史的な段階としては、同和問題は明治維新以後の近代から解消への過程をたどっているということができる。しかしながら、太政官布告は形式的な解放令にすぎなかった。それは単に蔑称を廃止し、身分と職業が平民なみにあつかわれることを宣明したにとどまり、現実の社会関係における実質的な解放を保障するものではなかった。いいかえれば、封建社会の身分階層構造の最底辺に圧迫され、非人間的な権利と極端な貧困に陥れられた同和地区住民を、実質的にその差別と貧困から解放するための政策は行なわれなかった。したがって、明治維新後の社会においても、差別の実態はほとんど変化がなく、同和地区住民は、封建時代とあまり変らない悲惨な状態のもとに絶望的な生活をつづけてきたのである。

　その後、大正時代になって、米騒動が勃発した際、各地で多数の同和地区住民がそれに参加した。その後、全国水平社の自主的解放運動がおこり、それを契機にようやく同和問題の重要性が認識されるにいたった。すなわち、政府は国の予算に新らしく地方改善費の名目による事業費を計上し地区の環境改善を行なうようになった。しかし、それらの部分的な改善によって同和問題の根本的解決が実現するはずはなく、同和地区住民はいぜんとして、差別のなかの貧困の状態におかれてきた。

　わが国の産業経済は「二重構造」といわれる構造的特質をもっている。すなわち、一方には先進国なみの発展した近代的大企業があり、他方には後進国なみの遅れた中小企業や零細経営の農業がある。この二つの領域のあいだには質的な断層があり、頂点の大企業と底辺の零細企業とには大きな格差がある。

　なかでも、同和地区の産業経済はその最底辺を形成し、わが国経済の発展からとり残された非近代的部門を形成している。

　このような経済構造の特質は、そっくりそのまま社会構造に反映している。すなわち、わが国の社会は、一面では近代的な市民社会の性格をもっているが、他面では、前近代的な身分社会の性格をもっている。今日なお古い伝統的な共同体関係が生き残っており、人々は個人として完

全に独立しておらず、伝統や慣習に束縛されて、自由な意志で行動することを妨げられている。

　また、封建的な身分階層秩序が残存しており、家父長制的な家族関係、家柄や格式が尊重される村落の風習、各種団体の派閥における親分子分の結合など、社会のいたるところに身分の上下と支配服従の関係がみられる。

　さらに、また、精神、文化の分野でも昔ながらの迷信、非合理的な偏見、前時代的な意識などが根づよく生き残っており、特異の精神風土と民族的性格を形成している。

　このようなわが国の社会、経済、文化体制こそ、同和問題を存続させ、部落差別を支えている歴史的社会的根拠である。

　したがって、戦後のわが国の社会状況はめざましい変化を遂げ、政治制度の民主化が前進したのみでなく、経済の高度成長を基底とする社会、経済、文化の近代化が進展したにもかかわらず、同和問題はいぜんとして未解決のままでとり残されているのである。

　しかるに、世間の一部の人々は、同和問題は過去の問題であって、今日の民主化、近代化が進んだわが国においては、もはや問題は存在しないと考えている。けれども、この問題の存在は、主観をこえた客観的事実に基づくものである。

　同和問題もまた、すべての社会事象がそうであるように、人間社会の歴史的発展の一定の段階において発生し、成長し、消滅する歴史的現象にほかならない。

　したがって、いかなる時代がこようと、どのように社会が変化しようと、同和問題が解決することは永久にありえないと考えるのは妥当でない。また「寝た子をおこすな」式の考えで、同和問題はこのまま放置しておけば社会進化にともないいつとはなく解消すると主張することにも同意できない。

　実に部落差別は、半封建的な身分的差別であり、わが国の社会に潜在的または顕在的に厳存し、多種多様の形態で発現する。それを分類すれ

ば、心理的差別と実態的差別とにこれを分けることができる。

　心理的差別とは、人々の観念や意識のうちに潜在する差別であるが、それは言語や文字や行為を媒介として顕在化する。たとえば、言葉や文字で封建的身分の賤称をあらわして侮蔑する差別、非合理的な偏見や嫌悪の感情によって交際を拒み、婚約を破棄するなどの行動にあらわれる差別である。実態的差別とは、同和地区住民の生活実態に具現されている差別のことである。たとえば、就職・教育の機会均等が実質的に保障されず、政治に参与する権利が選挙などの機会に阻害され、一般行政諸施策がその対象から疎外されるなどの差別であり、劣悪な生活環境、特種で低位の職業構成、平均値の数倍にのぼる高率の生活保護率、きわだって低い教育文化水準など同和地区の特徴として指摘される諸現象は、すべて差別の具象化であるとする見方である。

　このような心理的差別と実態的差別とは相互に因果関係を保ち相互に作用しあっている。すなわち、心理的差別が原因となって実態的差別をつくり、反面では実態的差別が原因となって心理的差別を助長するという具合である。そして、この相関関係が差別を再生産する悪循環をくりかえすわけである。

　すなわち、近代社会における部落差別とは、ひとくちにいえば、市民的権利、自由の侵害にほかならない。市民的権利、自由とは職業選択の自由、教育の機会均等を保障される権利、居住および移転の自由、結婚の自由などであり、これらの権利と自由が同和地区住民にたいしては完全に保障されていないことが差別なのである。これらの市民的権利と自由のうち、職業選択の自由、すなわち就職の機会均等が完全に保障されていないことが特に重大である。なぜなら、歴史をかえりみても、同和地区住民がその時代における主要産業の生産過程から疎外され、賤業とされる雑業に従事していたことが社会的地位の上昇と解放への道を阻む要因となったのであり、このことは現代社会においても変らないからである。したがって、同和地区住民に就職と教育の機会均等を完全に保障し、同和地区に滞溜する停滞的過剰人口を近代的な主要産業の生産過程

に導入することにより生活の安定と地位の向上をはかることが、同和問題解決の中心的課題である。

　以上の解明によって、部落差別は単なる観念の亡霊ではなく現実の社会に実在することが理解されるであろう。いかなる同和対策も、以上のような問題の認識に立脚しないかぎり、同和問題の根本的解決を実現することはもちろん、個々の行政施策の部分的効果を十分にあげることをも期待しがたいであろう。

2．同和問題の概観
(1) 実態調査と同和問題

　同和対策審議会は調査部会を設け、昭和37年調査として昭和38年1月1日現在について同和地区（以下「地区」と称する。）に関する基礎調査を実施した。

　これまで大正10年に内務省により「全国部落統計表」が作成され、昭和に入ってからは、10年には中央融和事業協会によって、33年（34年に補正）には、厚生省によって調査が実施された。なお34年に文部省によって学童数、学校数などの調査が行なわれた。しかし、これらは各々特定の目的に答えるためのものであり、地区の所在地、世帯数、人口、職業などの点において必ずしも総合的な結果を示していない。しかし、今回の調査の結果を通じて

　(I) 地区の内外において一般地区住民との混住が多くみられること。

　(II) 都市の同和地区の場合は、これまでの地区が一般地区的な様相をもち、具体的にとらえることが困難になっていることがあげられる。そのために、今回は数府県が調査不能であった。これには地方行政機関の同和問題に対する認識のちがいも原因となっていることは否定できない。

　これまでの調査と比較して数量的把握を困難とした理由は、都市およびその周辺地域では、

　(I) 戦災疎開などによる地区住民の地域的分散が行なわれたこと。

（Ⅱ）区画整理等によって地区内での再配置があったこと。
（Ⅲ）一般の低所得階層密集地区（スラム）との地域的な混在が行なわれたことなどである。

つぎに、都市以外の地域では
（Ⅰ）社会、経済等の変動にともなう人口移動の傾向によって地区住民の転住がみられること。ことに農村地区における離村傾向の増大が指摘される。次に、
（Ⅱ）戦後の民主的な思想の普及などによって、一般地区住民との混住が幾分多くなったことなどである。

したがって、全国におよぶ同和地区の所在を適確に把握することはきわめて困難であり、集団地区以外にかなりの関係住民のいることも十分に認識しなければならない。同和問題が現在の時点において重要性をもつのは、数量的に、地区的にとらえられるような現象だけではない。日本の社会体制のあらゆる面で、根強く潜在している差別的な実態そのものが、問題なのである。

同和問題に関する本質の課題は、端的には「部落差別」そのものである。身分的差別意識が劣悪な生活環境のなかで、いぜんとして厳しく温存されている事実である。新憲法のもと国民の基本的人権が新しく意義づけられ、社会体制の民主化も一応進展しつつあるようにみえながら、同和地区につながる人々はこの部落差別のなかで生活しなければならないのである。それは審議会が基礎調査とともに実施した精密調査の結果によって知ることができる。同時に一見平等とみられる就職、就学、結婚等の社会体制のなかに、いぜんとして厚い差別の壁があり、一般国民のなかにも、地区や地区住民に対して、感情、態度、意識、思想等による偏見が残存していることも指摘しなければならない。

したがって、審議会が部落差別の事実として客観的にとらえなければならなかった焦点は、しばしば社会問題として提起される主観的な差別言動よりも、むしろ一般地区の生活状態および社会、経済的な一般水準と比較して、同和地区なるがゆえに解決されず取り残されている環境そ

のものにあったのである。

　同和地区における人口、住宅の過密性、道路、上下水道、居住形式など物的環境の荒廃状況はきわめて顕著である。それらは、職業選択の制限されていること、通婚圏の狭いことと無関係ではない。すなわち地区が封鎖的性格をもつことによって、生活は向上性を失ない、やむをえず集団化によってその転落を防止するような自己防衛的な環境までつくられていることである。そこには、「差別」が原因となって「貧困」が同居している。同和地区がしばしば一般低所得地区と同一視されることがあるが、これは必ずしも正しい認識ではない。一般の低所得地区と異なるのは、部落差別が存在することによって、そこに居住しなければならないし、また住むことによって生活的活動に制限が加えられることである。さらに、地区によっては、行政の対象からも除外される現実があることである。すなわち調査によって得られた結論は、部落差別の実態が、生活条件の劣悪さを誘致し、環境の悪化を生んでいるという点である。部落差別の解消は、偏見をもたらす因襲や伝統を観念的にとりあげただけでは解決できない。それを存続させるのは、社会体制のなかにあるという認識に立たざるをえない。

（２）基礎調査による概況

　審議会は都道府県を通じ、関係の市町村の協力を煩わして同和地区の現況の把握のための基礎調査を行なった。その結果によれば、全国の同和地区数は、4,160地区、地区内の世帯数は40万7,279世帯、地区内の総人口は186万9,748人、うち地区内の同和地区人口は111万3,043人であり、地区内の同和地区人口率は60％、全国の人口1,000人あたりの同和地区人口は11.8人となる。

　これをこれまでの調査結果と比較すると、地区数は昭和33年調査よりも多いが昭和10年調査および大正10年調査よりは少なく、同和地区人口は逆に昭和33年調査（34年調査による補正値）よりも少なく昭和10年調査よりも多い。すなわち、

資料　同和対策審議会答申　59

	同和地区数	同和地区人口
昭和37年調査	4,160	1,113,043
昭和33年調査	4,133	1,220,157
昭和10年調査	5,365	999,687
大正10年調査	4,853	829,773

　すでにのべたように比較によって地区数ないし地区人口の増減を量的に判断することは適当ではない。調査にあたって採用された調査単位としての同和地区の定義がこれまでの調査と異なっているからである。すなわち審議会のとった定義は、「当該地方において一般に同和地区であると考えられているもの」とされているが、昭和33年調査においては「一般に同和対策を必要とすると考えられている地区」と定義されており、定義のうえからすれば、昭和33年調査のほうが「同和対策」の必要性を目的とした点で今回の調査よりもせまくならざるをえない。

　次に、今回の調査は実施機関が公的機関であったために、行政上同和対策をとりあげているかどうかという背景のちがいがあり得たのであり、したがって「寝た子を起こすな」的行政方針により、又は一般と混住化し、同和地区としてはっきり認識できなくなったような地区は除外されていることもある。

　これらを総合して考えると、今回の調査で把握された同和地区数、同和地区人口などは実際の数値を下まわっているものと思われる。

　事実、岩手、宮城、山形、東京、神奈川、宮崎の都県は今回の調査では報告がなかった。しかし別途の情報によれば同和地区の存在は確認されており、また今回調査で52地区の報告があった大阪、2地区の報告のあった福島についても同様のことが確認されている。

　（イ）　都道府県別にみた状況

　都道府県別の状況は、同和地区の数のうえからみると、広島県の414地区を最高に300地区を超える県には、このほか兵庫、岡山、愛媛、福岡の諸県があり、200〜300地区の県は群馬、埼玉、長野、10地区以下の県は、富山、石川、福井、愛知、佐賀、長崎である。同和地区数の報告

のなかったのは、北海道、福島県を除く東北各県、東京都、神奈川県、宮崎県の8都道県*であった。

同和地区の世帯数は大阪府、兵庫県がそれぞれ4万5,000に達しており、最も多く、地区内の総人口も世帯数とほぼ平行した分布を示しているが、同和地区人口は兵庫県の16万3,546人が最も多く、福岡県の11万4,482人、岡山県の5万8,635人、奈良県の5万6,130人、三重の4万8,238人、和歌山県の4万6,316人、愛媛県の4万4,685人、高知県の4万3,552人、埼玉県の4万1,496人がこれについでおり、同和地区人口1,000人以下は、富山、石川、長崎の諸県であった。

同和地区内の総人口に対する部落人口の割合、すなわち混住率は、全国平均では60%だが、府県によりかなりの差がある。

また全人口に対する部落人口は、人口1,000対11.8で奈良の72.1が最高で、高知の52.3がこれについでいるが、滋賀、兵庫、和歌山、鳥取、徳島の諸県も40をこえている。

(ロ) 地区別にみた状況

地区別の分布は、全国4,160地区の4分の1をこえる1,059地区が中国地方にあり、関東の648、近畿の975、四国の553、九州の521、中部の363がこれにつぎ、北陸は39、東北は2（次表の注参照のこと）となっている。

同和地区内の世帯数の分布をみると、全国40万7,279世帯の約37%にあたる15万69世帯が近畿にあり、地区数の多かった中国は5万7,764世帯で関東、中部、九州もそれぞれ5万～6万世帯の間にある。

同和地区人口は、全国111万3,043人のうちの約45%にあたる49万8,061人が近畿に集中しており、中国は15万をこえ、関東、四国、九州は10万～15万の間にあり、北陸は7,021人であった。

*8都道県…「福島県を除く東北各県」とは、青森、岩手、秋田、宮城、山形の5県を指すので、同和地区数の報告がなかったのは「9都道県」と思われる。（編集部）

	同和地区数	世帯数	同和地区人口
全国	4,160	407,279	1,113,043
北海道	—	—	—
東北	2	57	265
関東	648	59,517	104,403
北陸	39	3,630	7,021
中部	363	52,213	58,439
近畿	975	150,069	498,061
中国	1,059	57,764	162,786
四国	553	31,036	134,079
九州	521	52,993	147,989

(注) 東北の地区数2は福島の数であり、別途の情報によれば福島においてもさらに多くの地区があり、また、山形、宮城、岩手にあることが確認されている。

以上のように地区人口が近畿周辺に集中していることは、封建社会体制にれい属して同和地区人口が居住しなければならなかったという根本の要因を示すものである。

(ハ) 規模別にみた同和地区の分布

世帯数の規模による同和地区の分布は、20世帯未満の地区が28.8％で最も多く、20～39世帯は21.5％で500世帯以上の地区は2.7％にすぎない。すなわち、全国同和地区の約50％は世帯数40未満の地区であり、残りの約半数も40～99世帯の地区である。

(ニ) 混住の状況

市町村の廃置分合、都市化のすう勢、さらに大都市における同和地区のスラム化等により混住がみられることは一般的傾向といえよう。混住が進んで実態調査の対象外になったものもある。

全国平均でみると同和地区内総人口に対して同和住民の占める割合は60％であった。

府県別にみた同和地区人口率、すなわち、同和地区内総人口により同和人口を除したものは、全国平均では60％だが、奈良、愛媛の両県は100％、90～99％が9府県、50～89％が11県、10～49％が14府県であった。一般的には、一、二の例外はあるにせよ、四国、近畿地方における諸府県においては、同和地区内において同和人口の占める割合が高く、関東、

中部地方の諸県においてはこの割合が低いといえる。

同和地区人口率	府県数	府県名
10～19	4	石川、山梨、長野、島根
20～29	5	茨城、栃木、新潟、長崎、大分
30～39	3	群馬、千葉、静岡
40～49	2	埼玉、大阪
50～59	2	富山、福岡
60～69	2	岡山、山口
70～79	5	岐阜、広島、佐賀、熊本、鹿児島
80～89	2	高知、兵庫
90～99	9	福島、福井、三重、滋賀、京都、和歌山、鳥取、徳島、香川
100	2	奈良、愛媛

(注) 同和地区人口率とは、同和地区内総人口で同和人口を除したものをいう。

(ホ) 就業の状態

就業状態は、調査の困難性から日雇労働者、常用労働者、自営業者（家族従事者を含む）の割合を把握する方法によったものである。

日雇労働者は、地区有業者の10％未満の地区は全地区の28.2％であり、10～20％未満の地区は全地区の24.2％であって、全地区の過半は日雇労働者が20％未満の地区となる。また、地区有業者のうち50％以上が日雇労働者である地区も全地区の15.3％であった。

常用労働者についてみると、10％未満と10～19％の地区がそれぞれ25％を超えており、全地区の70.9％は常用労働者が30％未満の地区であり、常用労働者が50％を超える地区は９％にすぎない。

自営業者については、日雇、常用労働者とは様相を異にしており、50％を超える地区は60.7％である。

同和地区が伝統的な部落産業ないしは零細農業に依存していることが推察される。

(ヘ) 生活保護法による保護の受給状況

全国同和地区40万7,279世帯のうち、生活保護法による保護を受けている世帯は2万9,063世帯であって、同和地区の100世帯当りの被保護世帯数は7.1となる。これを全国平均の3.2と比較するとその２倍を超える

というひらきがあり、同和地区内の被保護世帯は一般よりかなり多い。

同和地区の100世帯当り被保護世帯数は、長崎の52.4を最高として、香川、福島、高知、福岡、徳島、佐賀の諸県ではいずれも15.0を超えており、茨城、長野、栃木、千葉、埼玉の諸県では2.0を割っている。

各府県の100世帯当りの被保護世帯数と、同和地区のそれとはかなり相関的な関係にあり、各府県の平均が高い府県においては、同和地区においても高いという傾向がみられ、府県平均が全国平均の3.2より高く、同和地区平均が全国の同和地区平均の7.1より高い府県は11であり、一方府県平均が3.2より低く、かつ、同和地区平均が7.1より低い府県は15である。

しかしながら、香川、福島、京都、岐阜、滋賀、広島、奈良、愛知の諸府県のように、府県平均の100世帯当り被保護世帯数は、全国平均の3.2と同程度ないしは、それを下まわっているにもかかわらず、同和地区においては、全国平均の7.1を上まわっている県もみられ、注目に値する。

（3）精密調査による地区の概況

審議会は同和対策の具体的資料として前述の基礎調査と合わせて、昭和37年7月以降全国から16カ所の地区を選び精密調査を行なった。（詳細は附属報告書にゆずる）ただし、部落の多様性によってこれらの地区が必ずしも全国の平均水準を示すものでないことはいうまでもない。同和地区の形成が地区の全体的な後進性の原因としての差別と結果としての貧困によるものであるが、地域社会の多様性によって状態はいろいろな形でとらえられる。

（イ）立地条件

同和地区は、伝統的に、きわめて劣悪な地勢的条件にある。すなわち、河川沿い、河川敷地、沼沢地、傾斜地、荒地など都市農村を通じて一般の土地利用には、不適な土地に位置している。そのため、同和地区は、洪水や大雨の時は大きな被害を受けることが多い。

ただ都市同和地区の場合は、一般的には市街地の拡大や交通の発達、

産業規模の拡大等によって、または戦災等によってかなり変化した例（大阪市のごとき）もある。しかし、全国的にみると、変化は少なく、伝統的な劣悪な環境の中で問題がくりかえされているのが多い。

　（ロ）　人口の状態

　一般的には、人口の離村向都の現象が目立ち、また都市的地区では一般人口の混住がみられる。

　同和地区人口は、女の方が多いが、男女だいたい同じ数の地区が大部分である。これは男に流出するものが多いことに原因すると考えられる。年齢構成は15歳～25歳の層が比較的に少なく、いわば中くびれ現象を示して明らかに地区住民の生活機能が停滞せざるを得ない原因となっている。

　同和地区の居住密度は、一般地区の場合とくらべて、とくに過密であるとはいえないが、都市的地区は住宅が密集し、長屋、間貸家、間借などがみられ、スラム化しているところが多い。

　経済の高度成長にともなって、一般農村は活発な離村向都の人口移動を示すが、部落も一般地区ほどではないにしてもかなり顕著な人口流出をみせている。ただし戦後の状況をみると、戦前戦中の流出人口が疎開、離職、戦災、夫の死亡などの事情で帰郷した者が少なくない。この現象は、一般の地区にもみられるが、同和地区の場合は、差別と生活難のために帰郷を余儀なくされた者が多い。

　第二次世界大戦前は、一般地区と同和地区とは、河川や田畑や道路や堀などにより区別されていたが、最近都市的同和地区の場合は、地区自体の膨張や住宅や工場地を求めての一般人口の来住によって、混住する傾向が強い。この傾向は地区の中心にまではいたらず、その周辺に多いこと、また町内会を同じくしても、両者の生活関係には、多少とも緊張や距離がみられる場合が多い。

　（ハ）　家族と婚姻

　家族の大きさは、農村的地区、都市的地区ともに一般地区のそれと比較して、とくに異なった傾向はなく、だいたい１世帯あたり４～５人と

いうところであるが、ただ、農村的地区は都市的地区とくらべるとやや多い。

婚姻関係は正常な形態を示すものが大部分で、離婚や死別したものは、とくに多いということはない。結婚の形態は、全体としては、見合婚が多いが、若い年齢層には、自由婚もかなりの率を占める。

結婚に際しての差別は、部落差別の最後の越え難い壁である。関係住民の結婚は、伝統的に「部落内婚」の封鎖的な形態をとり、ほとんどが同一地区住民か他地区住民との間で行なわれ、一般住民との通婚は、きわめて限られている。

(二) 産業と職業

産業では農業や商工業の零細経営やその雇用労働者や単純労働者が多く、近代産業への雇用労働者は少ない。農村部落では、田畑の農耕が主体であるが、果樹園芸を兼営している地区もみられる。農業の経営規模は、きわめて零細でほとんどの地区は平均4反前後である。そのため、専業農家はきわめて少なく、大部分は兼業農家で、日雇労働、雇用労働、行商、出稼ぎ、わら加工などに従事している場合が多い。

都市的地区は従来何らかの伝統産業を営んでいたが、そのような地区や住民は次第に減少し、雇用労働や単純労働や商業、サービス業への転換が増大している。産業種別は、全般的には屠肉業、皮革業、製靴業、荒物業、履物業、行商や仲買業などが多い。

職業で注目されるのは、全体として零細企業経営者やその従業者がきわめて多く不安定であること、親と子女の間では、大きなちがいがみられることである。親は伝統的な産業ないし職業や単純労働などへの従事者が多いが、子女はそうした職業より、近代的雇用労働を希望するものがみられるが、これとともに近代的な大企業への就職はきわめて少ない。

このような事情は一見すると知識や技能や教育程度の低さによるものとみられるが、基本的には社会的差別と偏見によってよい就職ができないのが原因である。

また子女の雇用労働が多くなったのは、子女が伝統産業や単純労働を

嫌うためであるが、根本は経済成長にともなう労働力の絶対的不足が大きな原因であり、そのなかで低い賃金のなかに置かれているということである。

　(ホ)　教育状況

　教育の状況は、学校教育における児童生徒の学業の不振と社会教育のおくれ、同和教育の不振等が目立っている。

　学校教育における児童生徒の成績は、小学校、中学校のいずれの場合も、全般的にかなり悪く、全体的にみると上に属するものもいるが、大部分は中以下である。

　中学生徒の進路状況は都市的地区、農村的地区ともに就職者が大部分であって、進学者は少なく、進学率は一般地区の半分で、30％前後である。進学率の劣るのは、家庭の貧困か本人の学力不振によるものが多い。しかし親の教育関心はきわめて高く、80％前後の者は子女の進学を希望しているのは注目される。

　社会教育活動は地区によっては隣保館ないし集会所（公民館）を拠点として、かなり活発になされているところがあるが、全般的には、低調である。その理由は、施設や設備の不備、職員（とくに指導者）や予算の不足、職務の多忙などであるが、なかでも指導者の不足が問題となっている。

　社会教育団体活動は、青年団は少なく、婦人会と子供会を中心にされているが、その主な内容は、婦人会活動の場合は、生活技術や一般的教養に関する講習会、講演会、見学会などであり、子供会の場合は見学会、レクリエーション、補習学級などである。なお青年団活動の少ないのは、その年齢層の人に流出が多いのを裏書している。

　同和教育は、実際には学校教育と社会教育の場でなされるが、現状は低調さを免れない。これは一つには、同和教育の基本方針の不徹底のためであるが、二つには、現場の教員や指導者の知識や訓練の不足のためとみられる。

　住民の教育水準は、親の層も子どもの層もかなり向上したが、しかし

一般地区と比べると、まだかなり劣っている。たとえば昔なら親の教育水準は、小卒や高小卒がほとんどで、旧中卒はきわめてまれであったが、こんにちでは、旧中卒も15％前後があるし、子どもにいたっては、高校卒以上が30％前後はある。しかし、これは一般地区の場合、親の層が30〜40％、子供の層が60〜70％であるのに比べると半分以下である。

（ヘ）　生活環境

同和地区がしばしば低所得層密集地区（スラム）と同一視されるのは外見的生活条件がきわめて劣っているからである。

道路および下排水路は一般に未整備で、保健衛生や火災防止上危険などの点からも改善の余地が十分にある。また、路上の街灯設置についても、設備された地区はきわめて少ない。

上水道設備の普及は、いぜんとして共同利用、あるいは井戸の利用という状態がみられる。都市的地区でさえも現在、井戸利用がまだ少なくない。し尿と塵芥の処理施設は、都市的地区の場合、次第に整備され、一般市街地なみになっているが、農漁村の場合不完全なものが多く、ことに塵芥の放置、あるいは、その不完全な処理が地区内でなされることが多い。

住宅状況は改良住宅の増設による整備がかなり進行している地区が見られるが、不良の木造過密住宅のままに取残されている場合が多い。住宅形式は多くは木造平家の独立家屋または長屋である。都市的地区の中には、道路建設予定地その他に不法占拠もみられ、また、都市、農村的地区を通じて仮小屋住宅もある。

住宅設備のうち、共同浴場をもつ地区はかなりあるが、台所、便所は十分ではない。ことに共同便所の利用がまだ多くの地区にみられ、また非衛生な汲取式便所の改善はほど遠い。光熱設備は、都市の場合、都市ガス利用の世帯が多少ともみられるが、農村をふくめて、その普及率はきわめて低く、石油コンロや薪炭の利用が多い。

（ト）　生活水準

同和地区住民の所得水準は一般に低く、またその向上は先にみた地区

産業、職業構成の特徴からも明らかなようにかなり困難な状況にある。同和地区人口の多くは単純労働、不定期労働に従事し、月収額は少なく、しかも一定しない場合が多い。月収は都市農村地区ともに家族的就労による場合が多い。すなわち収入は世帯主のみに依存することが少なく、配偶者あるいは同居家族員の個別的就労による複合的収入形態の場合が多い。

支出については、収入額ないしはそれを超える場合が多くみられる。しかも限られた収入を無計画に支出するという傾向がみられる。エンゲル係数がきわめて高いのも一つの特徴である。

収入形態については家族員の勤労収入ないしは一部に単独の自営による世帯が多いが、２人以上の家族員の勤労収入あるいは勤労収入と事業収入の総合もかなりみられる。また、財産収入、福祉年金、失業保険、扶養仕送りなどによる世帯も僅かながらみられる。

耐久消費材の普及率は、全般的にみて低い。ことに、ミシン、電気洗濯機、テレビは全国平均より低い。新聞雑誌の購読率は、ともにかなり低い場合が多く、ことに雑誌については定期購読をするものはほとんどない。それらの普及率は、同和地区住民の所得水準に対応してみられ、低所得階層については経済水準と同様に、文化水準の低劣さがみとめられる。

（チ）　生活福祉

地区における経済、文化水準の低さは、住民の貧困、疾病などの社会問題をもたらすほか、非行、犯罪、不就学、長欠などの病理現象を発生させる原因となる。

地区全般を通じて、各種公的扶助の受給世帯の割合が多いことも無視できない。

他方各種社会保険への加入率は、全般的に低く、健康保険、共済組合、国民健康保険などへの加入率は、一般地区と比較してかなり下まわっている。また隣組などのいわゆる私的扶助への依存は、以前と比べてかなり減少しつつある。

農村地区の場合は、被保護世帯の割合が少ない。しかしその結果地区の生活程度が高いとはいえない。

生活福祉に関する同和地区住民の積極的な働きかけは、きわめて部分的、一時的である。たとえば、地区内の青年団、婦人会、老人クラブ、子供会その他の地域団体への積極的な関心と参加は消極的である。そうした地域団体は、地区住民の積極的な参加をうながし十分なかつ関心をそそる機能をもたない。また地区内における福祉活動の専門的従事者による適切な指導もない場合が多い。

(リ) 同和問題意識

「差別」に関する人権意識に関しては、一般地区において、同和問題の認識の不足が強く指摘される。しかも、一般地区住民の間にかなりの誤解や偏見が残されており、性、年齢階層、あるいは地方によっては、まだ強い「差別感情」が残存している。一般の人々には「結婚、就職に際して、今日、憲法に保障された基本的人権がすでに保障されている」とするもの、つまり「部落の有無に拘わらず人権の侵害はない」とするが、同和地区住民の場合は結婚、就職に際して、すでに直接的な差別経験をもったことにより、「人権は守られていない」と主張するものがある。

一般地区住民の同和地区および同和地区住民に対する直接的な感情、態度をみると、都市、農漁村地区に共通してみられる問題は、地区住民との交際が形式的に求められるとしても、本質的には一般地区住民の側からの交際は消極的であり、むしろそれをさけるという傾向があること。同和問題に関する正しい認識や知識をもたず、また問題解決に対しての積極的な熟慮がうかがわれないこと。地区によっては、地区住民の粗暴さ、態度、服装、教育程度、教養、貧困などの点に問題を認め、明らかに直接的差別の言動を示す場合もあることが認められた。

地区住民の多くの経験する差別言動は「就職、職業上のつきあい」「結婚に際して」「近所づきあい」「学校を通じてのつきあい」などである。そのうち就職、結婚に際しての差別経験者がことに多く、しかも、

性別、年齢別にかかわりなく何らかの直接的な差別を経験している。また、地区周辺の一般住民の間には、たとえ直接的な差別言動の表示がなくなっても、なお「差別は残る」というもの、あるいは「差別はどのような社会的施策を通じても解決されない」と考える者もみられた。

第2部　同和対策の経過

1．部落改善と同和対策

　明治4年に解放令が出されたことは、同和問題の画期的なでき事であった。しかし実質的な解放を保障する行政施策が行なわれなかった結果、その後しばらくして、みずからの努力で同和地区を改善しようとする自主的な運動が、同和地区住民のあいだから起ったことは注目されてよい。

　明治維新につづいておこった自由民権運動に刺激され、社会の最底辺に抑圧されていた同和地区住民が自主的運動に走ったことは当然である。ルソーの民主主義思想をはじめてわが国に移入した中江兆民とその門下の前田三遊は、しきりに同和問題を論評して同和地区住民の自覚を喚起することに努めた。その影響をうけた青年らが中心となり、岡山県の一角に「備作平民会」という改善運動団体が生れたのは、明治35年6月で、これが同和地区改善運動の先駆となった。備作平民会は、「先ず同族間の積弊を廓清し、しかる後外に対して鬱屈を伸べんとする」方針のもとに、風教改善、道義の鼓吹、殖産教育の奨励、人材の養成などを積極的におこない、自主独立の基礎を固め、しかるのち社会に向って反省を促そうとするもので、内部改善主義の典型ともいうべき主張をかかげていた。

　ついで、明治36年7月大阪市で「大日本同胞融和会」が結成された。この創立総会には東京、愛知、三重、京都、大阪、奈良、和歌山、兵庫、岡山などの各府県をはじめ、九州、四国の各地から300人にのぼる地区代表が参加し、全国的規模の集会となった。この総会で決定された活動

方針も備作平民会のそれと基本的には変りなく、道徳の修養、風俗の矯正、教育の奨励、衛生の注意、人材の養成、勤倹貯蓄、殖産興業などをかかげている。いずれにしても大日本同胞融和会の結成は改善運動が全国的に発展したという意味で大きな意義がみとめられる。

　日露戦争後、国の財政は窮迫し、国民の生活は物価騰貴のため困難を加えた。国力の回復と国民生活の安定が政府の緊要な課題となった。内務省は地方改善事業*に力を注ぎ、模範町村の設定を奨励指導した。ところが、関西地方の府県知事は、同和地区があまりにも劣悪な状態にあるため、直ちに模範町村などをつくることの困難なことを訴えた。その後政府は、明治40年に全国の同和地区調査を行ない、奨励金を交付して「模範部落」や改善功労者を表彰することとした。かくて、大阪、和歌山、兵庫、奈良、京都、三重などの各府県で、地方改良事業の一環として部落改善事業がとりあげられるにいたったのである。

　ついで、大正元年11月７～８の両日、内務省主催の全国細民部落協議会が開かれ、教育、風俗、職業、住居、衛生、医療、納税、貯蓄、金融、社交、移住、宗教などあらゆる問題が論議された。その席で当時の地方局長水野錬太郎は「部落を完全に改良して国家のため有為の民たらしめ、もって国家を富強にしたい」そのためには、「地方の篤志家や有力者と協力し、官民合同で精神と物質の両面から部落改良に努めねばならない」と、政府の見解を述べている。

　こういう部落改良方策が具体的にはどのように行なわれたかを知るため、三重県の例をとってみよう。元内務省警保局長であった三重県知事有松英義は、県の慈恵救済員竹葉寅一郎というキリスト者を実際指導にあたらせ、警察署長や郡町村長が協力して各地区毎に「自営社」なる団体を作らせ「愛国心ヲ扶殖シ人道ヲ啓発シ清潔法ヲ励行シ教育ノ普及ヲ計ル」改善運動を起し、生活改善、風俗矯正につとめた。このような改善運動を推進する自営社の規約の冒頭に「至仁ナル聖世ニ生レタル御蔭ナレバコソ吾等ハ今日ノ御恵ニ遭フコトヲ得タルヲ有難ク思ヒテ毎朝三拝スル事」と規定している。当時の部落改善施策の慈恵的な性格を端的

＊地方改善事業…これは「地方改良事業」のこととと思われる。（編集部）

にあらわしたものといえよう。

　大正時代における民間運動を代表する「帝国公道会」は、大正３年６月大江卓の発起で創立された。その趣意書に「同胞中今日猶ほ頑めい固ろう、日常相互の交際において聖旨の在る所を忘失し、人道上の大道を無視して恬然恥ずべきを知らざる者尠しとせず。是れ実に我社会の一部に未だ全く蛮国を脱却せざる者あることを表明するものにして、吾人の国家のために決して袖手傍観するを得べき所にあるざるなり」と述べているごとく、その意図するところは、社会一般の迷蒙を打破せんとする人道主義の同情融和運動であった。

　一方、この時期に、同和地区の人びとの自覚に基づく自主的な改善運動が勃興したことに注目しなければならない。すなわち、大正元年８月奈良県に「大和同志会」が結成されたのをはじめ、福岡県に鎮西公明会、広島県に福島町民一致協会、島根県に出雲同志会、岡山県に岡山県同志会が相次いで結成され、部落改善運動が展開された。

　これらの団体はさきに引例した明治時代の三重県における自営社とは性格を異にし、上からの奨励による官製の団体ではなく、下から同和地区住民の自主的な団体として組織されたのである。

　前記の細民部落協議会に和歌山県代表として出席した岡本弥が内務大臣平田東助に提出した要望書は、当時の改善運動指導者たちの見解や主張を代弁している。すなわち、

一、部落特有の職業は成るべく改めしむるよう奨励し、皮革の如き厭ふべき臭気ある職業は人家稠密の場所には禁止すること。
　又履物直しその他見苦しき職業は取締規則を設け体裁を改めしむるようの処置を希望す。
一、細民の住屋は採光と煙出しの不備より、眼疾を招くこと多し。又便所の設備概して不完全なり、府県には家屋建築条例を設け一定の猶予期間を与えて、漸次改造を命ぜられたし。
一、住居道路溝渠の掃除に就いても、取締規則を制定せられたし。
一、部落の人口は益々増殖し細民は益々増加す。他へ移住策について

格別の考慮を払はれたし。
一、部落特有の疾患にトラホームあり、これが根治については格別の施設を願ひたし。
一、部落の弊風は一朝一夕で醸成されたものではないので、単に指導奨励丈では到底改善さるべきとは思はれない。国家として相当の助成金を支出されるよう、御配慮願ひたし。
一、部落の改善に、部落民の自覚は最も肝要の次第なるも、部落民の自覚を障害して居るものは一般民の差別行為である。以下（二・三）の実例を具陳せん。
　① 官衙公署は勿論、会社工場には部落民を使用されていない。部落民の教育が進まないのは、皆これに原因している。
　② 小学校、中学校は勿論、専門以上の学校に部落民の入学は甚だ困難である。
　　学校内に於ける差別撤廃は部落民の就学心を向上せしむる唯一の方法である。
　③ 相当学識を有するものは、努めて官公署に任用されることともなれば、部落の人心を鼓舞激励し、教育は奨励を待たずして進歩すべきことと信ず。
　　部落改善は、つまり富の向上を図ることである。
一、部落民なるが故に営業上に又農民の小作上に於いて、不利な立場に於かれている実例は少なくない。是等差別的行為の除去に努力されたし。

以上のごとく、明治、大正時代の部落対策の改良主義的特徴は、同和地区住民の生活実態の劣悪性がわが国の社会経済体制の病理に由来することを理解せず、ただ単に地区住民の主体的条件を改善整備することによって同和問題の解決が実現されるとの認識にあったのである。

２．解放運動と融和対策

同和問題が政府をはじめ広く社会一般から注目され、深い関心を持た

れるようになったのは、大正時代後半のことであり、その契機となったのは 7 年 7 月勃発した米騒動と、11年 3 月結成された全国水平社の運動である。

　米騒動は、米価の暴騰により生活難に陥った広範な低所得階層の憤激が自然発生的に暴動化したものである。

　この暴動に京都、岡山、広島、津、名古屋などの都市における同和地区住民が、勤労者や市民など一般大衆とともに多数参加し、激烈な行動に出たことは事実である。

　また、滋賀、奈良、和歌山、富山、香川、山口、福岡等の各地で地区住民が暴動に参加したことも事実である。けれども、同和地区住民のみで米騒動を起したのでもなければ、差別問題が原因で暴動化したものでもなく、また、同和地区住民が計画的、組織的に暴動を指導したのでもなかった。

　しかし、第一次大戦の経済的影響による未曾有の好景気のなかで、同和地区住民の大多数が差別の中の貧困ともいうべき劣悪悲惨な生活状態におかれていたことと相まって、多年にわたってうっせきした差別圧迫と憤まんが爆発して、多数の地区住民をして米騒動に参加させた。

　政府をはじめ社会一般の関心は、そのような反社会的エネルギーが潜在する同和問題の深刻さと重大さに集約される。

　言いかえれば、米騒動によって同和問題は新しく再発見され、重大な社会問題として認識されたのである。それを立証したのが、帝国公道会主催の同情融和大会であり、大正 9 年度の国の予算に地方改善費[*]が 5 万円計上されたことである。

　帝国公道会が東京築地本願寺で第 1 回同情融和大会を開催したのは大正 8 年 2 月であった。

　大会には貴衆両院議員、関係各省大臣をはじめ、華族、学者、宗教家および同和地区の有力者など340余名が出席した。

　大会宣言をみると「もしこれ斯の如くして其途を改めずんば彼等の内過激思想を抱くものに至っては、或いは社会を呪咀するものを出すなき

＊地方改善費…これは「部落改善費」のことと思われる。（編集部）

資料　同和対策審議会答申　75

を保すべからず」とのべ、為政者の反省を促している。

　この大会に参集した同和地区の有力者たちは別に会合を持ち対策を協議した結果、内務省、陸軍省、海軍省、文部省などの関係各省および各政党に対し、部落改善に関する陳情を行なうとともに、翌3月第41帝国議会に請願書を提出した。

　ついで大正10年2月第2回同情融和大会を開いたが、この大会には全国各地の同和地区代表が多数参加した。大会のあと和歌山県、広島県、山梨県等の同和地区有力者数名が実行委員に選ばれ、関係各省に陳情して部落改善施策の積極的な実施を要請した。

　そしてさらに、第42帝国議会に次のような請願を行なった。

一、部落民を官公吏に採用すること。
一、官公文書、身元調査等に特殊部落又は其他忌むべき文字を記載せしめざること。
一、軍隊内に於ける差別待遇を廃止すること。
一、教育上に於ける差別待遇を廃止すること。
一、部落改善団体を組織すること。
一、部落改善調査機関設置のこと。
一、部落改善費は国庫より支出せられたきこと。
一、内務省に部落改善事務の局課を設け、専任の官吏を置くこと。
一、地方庁内に社会課を設け、部落改善の専任官吏を置くこと。
一、北海道に団体移住する戸数の内規制限を撤廃すること。

　この請願の内容は、当時の同和地区指導者たちが同和対策としてどのような具体的施策を要求していたかを知る好資料である。それは一言でいえば、明治、大正初期の改良主義運動と基本的には変りない要求であるが、内部改善第一主義から脱却して行政施策の要求に発展したという点で前進がみられる。

　このような情勢のなかで政府は、全国部落調査を行なうとともに、9年8月新設された社会局の諮問機関である社会事業調査会の答申「部落改善要綱」を採択して行政方針を確立し、翌10年度には予算を21万円に

増額して施策の拡充をはかった。

　かくて、同和問題が政府の政策のなかにとり上げられたのに呼応して8年10月高知県公道会、9年8月岡山県協和会、10年3月広島県共鳴会などの新しい融和団体が相ついで結成された。また、全国的な組織を有する団体としては、有馬頼寧を会長とする同愛会が10年9月に結成され、この時期における民間団体の改善、融和運動はようやく全国的に拡がっていった。

　そして、指導理念や運動方針も、労働運動や社会主義運動の抬頭、国際的潮流としての民族自決、人種平等の思想的影響をうけて、大きく変化した。

　すなわち、従来の部落改善を第一とする改良主義から差別撤廃に重点を置く融和主義の方向へと転換したのである。

　このような融和運動に対抗して、大正11年3月3日、京都の岡崎公会堂で全国水平社の創立大会が開かれた。

　近畿地方を中心に、中国、九州、四国、関東、中部各地方の同和地区代表約2,000名が参集し、会堂にみなぎる悲壮な感激と異常な昂奮のなかで、人権宣言ともいうべき全国水平社結成の宣言が発表され、つぎのような運動方針の大綱を示す綱領が満場一致で採択された。

　一、我々特殊部落民は、部落民自身の行動によって絶対の解放を期す。
　一、我々特殊部落民は、絶対に経済の自由と職業の自由を社会に要求し、以て獲得を期す。
　一、我等は人間性の原理に覚醒し、人類最高の完成に向って突進す。

　全国水平社は、改良主義の部落改善ではなく完全な解放を目ざし、協調的な融和主義ではなく差別撤廃のため闘争する自主的団体として発足した。

　これは融和団体と根本的に異なる性格である。この全国水平社の運動は燎原の火のごとき勢いで全国的に拡がり、「我々に対し穢多及び特殊部落民の言行によって侮辱の意思を表示したる時は徹底的糺弾を為す」という大会決議が実践にうつされたため、初期の段階において一面では

反社会的現象もあらわれたことは否定できない。

けれども他面において、同和地区住民の基本的人権に関する自覚を高めたこと、部落差別の不合理性についての社会的認識を普遍化したことなど、水平社運動が果たした役割は大きかったといわなければならない。

全国水平社が結成された翌年の国の地方改善費予算は、一躍前年度の２倍を超える491,000円に増額された。

政府は、12年８月内務大臣訓令を出して、差別的偏見打破の必要を力説するとともに、積極的に融和運動の奨励助成に努めたので、全国の関係各府県にもれなく融和団体が組織された。そして、さらに民間融和団体を統合した全国的連合体である中央融和事業協会がつくられ、平沼騏一郎が会長となり内務省の外郭団体として水平社の運動に対処する陣容が整えられたのである。

昭和５、６年にわが国農村を襲った農業恐慌に対処するため、政府は時局匡救対策を実施したが、そのさい同和対策の応急施策として貧困な地区農民を救済する事業が行なわれた。

それが契機となって、従来の観念的な融和運動から自覚更生の経済施策に重点をおく運動へと発展した。

そしてさらに昭和10年「融和事業の綜合的進展に関する要綱」が決定され、それに基づいて昭和11年度を起点とする「融和事業完成10カ年計画」なるものが立案された。

その内容をみると、経済更生施策と教育文化施策を大きな２本の柱とし、経済更生施策としては、中堅人物の養成と自覚更生運動に重点をおき、教育文化施策としては、同和教育の振興と差別解消のための啓発教育活動に力点をおくものであった。

このことは従来、無計画であった同和対策に総合、統一性と計画性とを与えたという意味で、画期的な意義を持つものであった。

しかし、政府はその計画を全面的に採用する予算措置を講じなかったので、折角の計画も中途半端におわり、やがて太平洋戦争の勃発により同和対策は戦争政策の犠牲にされ、険しい時局の暗やみのなかに埋没さ

れてしまった。
　それと同時に、中央融和事業協会が指導する融和運動もまたしだいに国家主義の傾向を強め、戦争目的に順応する国民精神総動員運動の一翼と化し、本来の目的と役割とを喪失していったのである。

3．現在の同和対策とその評価

　太平洋戦争に敗北した日本は、連合軍の占領下に置かれた。占領政策の方針として、同和地区を対象とする特別の行政施策は禁止されたので、政府の同和政策は中断され行政の停滞を余儀なくされた。
　戦争によって荒廃した社会経済情勢のもとで、国民一般の生活は極度の窮乏に陥ったが、とくに同和地区住民の困窮が甚だしかったことはいうまでもない。
　しかも、部落差別はいぜんとして存続し、差別事件によるトラブルが各地で頻発した。
　つまり、戦後のいわゆる民主的改革にもかかわらず同和問題は未解決のままでとり残されたわけである。
　このような情勢のもとで、昭和21年2月「部落解放全国委員会」（のちに部落解放同盟と改称された。）が結成され、自主的な解放運動が再組織された。
　戦後の部落解放運動は、水平社運動の伝統を継続し、その経験と理論の上に立って発展したものであるが、その特徴は、いわゆる「行政闘争」を中心に同和地区を基盤として組織を拡大したことである。
　すなわち、部落差別についての認識を深め、従来水平社が行なってきた心理的差別に対する糺弾闘争から前進して、実態的差別の存在を強調し、その責任は行政の停滞にあるとして、地方公共団体および政府に対し部落解放の行政施策を要求する大衆闘争を全国的に展開するにいたったのである。
　昭和33年に起った教職員の勤務評定反対闘争に部落解放同盟が積極的に参加し、同和地区住民に大きな影響を与えたことはその顕著な一例で

ある。

　また、部落解放同盟が労働組合や革新的政党と共同して、生活安定と権利擁護のための闘争や平和を守る闘争に積極的に行動するようになったことは注目される。

　一方では、昭和26年11月、近畿、中国、四国、九州などの地方公共団体の同和対策関係職員を中心とする「全日本同和対策協議会」が生まれた。

　当初の数年間、全日本同和対策協議会は、部落解放同盟と提携協力し、政府に対して同和対策の積極的実施を要請する運動を行なった。

　しかし、結局指導理念を異にする両者の意見が対立し、ついに袂を分つにいたったのである。その後、昭和35年5月、同和地区住民を中核とし、全国民運動をめざす「全日本同和会」が結成された。

　この二つの団体は、戦前の部落改善、融和運動の流れを継続し発展したものということができる。そしてこれらの民間団体はそれぞれの立場から、中断された同和対策の復活を強く要望し、総合的な同和対策を国策として樹立し同和問題の根本的解決をすみやかに実現するよう政府と国会に対して要請するに至った。

　かくて、講和条約が発効してのち、昭和28年度の国の予算に戦後はじめて、同和地区に隣保館を設置する経費の補助金が計上され、31年度からさらに共同浴場、34年度から共同作業場及び下水排水施設というぐあいに環境改善事業の予算が増額され漸次戦前の同和対策が復活していった。

　しかし、それは部分的な改善事業にとどまっていたので、同和問題の抜本的解決をはかる総合的対策の樹立を要請する声がしだいに高まった。昭和32年[*]、部落解放国策樹立国民会議が結成され、国会に提出した国策樹立の請願が採択された。そこで政府は、昭和33年内閣に同和問題閣僚懇談会を設け、関係各省の行政施策のなかに同和対策をとり入れることとした。

　また一方、政党でも自由民主党、日本社会党がそれぞれ特別委員会を

＊昭和32年…これは「昭和33年」のことと思われる。（編集部）

設けて同和対策を検討し、政策審議会の決定を経て各党が同和対策要綱を発表するにいたった。民間においては、昭和35年に部落解放同盟を中心とする「部落解放要求貫徹請願運動」が全国的な規模で展開されたのをはじめ、全日本同和会および全日本同和対策協議会の国策樹立要請運動が強力におしすすめられた。その結果昭和35年の第35回臨時国会に、自由民主党、日本社会党及び民主社会党が人権尊重の建前から超党派的に連携して、同和対策審議会設置法案を共同提案し、国会は全員一致をもってその法案を可決した。

　政府のこれまでの同和対策は、厚生省と文部省及び建設省の所管に属する行政施策が主なものであるが、同和問題閣僚懇談会が内閣に設けられてからのちは、モデル地区の設定に基づき総合的施策を実施する方向に進展し、労働省、農林省、通産省、自治省、法務省などの所管に係る各種の施策も新たに加えられ、国の同和対策予算も逐年増額されていった。このような政府の同和対策の発展にともない、その行政区域内に多数の同和地区を有する地方公共団体においても、政府の行政施策の実施に協力するだけでなく、独自の立場で自己の財政負担によって従来から行なってきた同和対策をより一層積極的に実施するようになった。

　以上述べた戦後の同和対策を戦前のそれと比較すれば、一歩前進したことはたしかである。このことは正当に評価されなければならない。

　本審議会は、以上概観した同和対策の経過にかんがみ、これまで政府によって実施された行政施策に対し次のような総括的評価を行なったのである。

① 　明治の末から大正の初めの頃までの政府による同和対策は、治安維持と窮民救恤の見地から行なわれた行政施策であって、その基本的性格は慈善的なものであったことを否めない。ことに、当初地方改善行政[*]の一環として行なわれた部落改善施策は、同和地区住民の自発的精神と自主的行動を基調とする部落改善運動として推進し発展させる方策がとられず、観念的、形式的な指導と奨励による風俗矯正にとどまったきらいがあった。

[*]地方改善行政…これは「地方改良行政」のことと思われる。(編集部)

② 大正の中頃全国的に勃興した自主的な改善運動は同和地区住民の自覚のあらわれであったが、政府はそれにこたえて改善施策を積極的に行なうことをせず、限られた僅かな予算で改善事業を慈恵的に行なっていたにすぎなかった。

③ 政府が同和問題の重要性を認識するに至った契機は、米騒動と水平社運動の勃興であった。また明治時代から現代に至るまで一貫して、政府の同和対策は多分に切実な要求と深刻な苦悩に根ざす同和地区住民の大衆的な運動に刺激され、それに対応するための宥和の手段として行なわれた場合が多かった。

④ 従来、政府によって行なわれた同和対策としての具体的な行政施策は、応急的であって、長期の目標に基づく計画性と複雑多岐な側面を持つ同和問題に即応する総合性とに欠けていたことは否定できない。このような行政施策の欠点は、いわゆる縦割行政の弊害から生ずるだけではなく、同和問題の根本的解決に対する政府の姿勢そのものに問題があったといわなければならない。

⑤ 現段階においても、同和対策は一般行政に比し複雑困難な問題として扱われているかの感があるが、その正しい位置づけがなされないと差別的な特殊行政となるおそれがある。したがって政府によって行なわれる国の基本政策の中に同和対策を明確に位置づけ、行政組織のすべての機関が直接間接に同和問題の抜本的解決を促進するため機能するような態勢を整備し確立することが必要である。

⑥ 国と地方公共団体の同和対策が一本の体系に系列化され、政府、都府県、市町村、それぞれの分野に応じた行政施策の配分が行なわれ、国が地方公共団体の財政上の負担を軽減する配慮が十分になされるごとき組織的な同和対策が確立されていないことも、大きな欠陥として指摘される。そのため、同和対策を積極的に実施するところと、ほとんどそれを実施していないところと、地方公共団体の態度如何によって生ずる格差が大きく、全国的にきわめて不均衡な状態である。

⑦　国の予算に計上される同和対策の経費は逐年増額されている。しかしながら、同和問題の根本的解決をはかるために必要な種々の経費としてはきわめて僅少であった。政府が真実に同和問題の抜本的解決を意図するならば、なによりもまず、国が同和対策のために投入する国庫支出は、その社会開発的意義と価値を正しく認識し、飛躍的増大をはかることこそもっとも必要なことである。

⑧　以上の評価に立つと、同和問題の根本的解決を目標とする行政の方向としては、地区住民の自発的意志に基づく自主的運動と緊密な調和を保ち、地区の特殊性に即応した総合的な計画性をもった諸施策を積極的に実施しなければならない。

第3部　同和対策の具体案

　これまでの同和対策は、明治維新の際の太政官布告を拠りどころとするものであって、それはそれなりに無視することのできない意義をもっていた。けれども現時点における同和対策は、日本国憲法に基づいて行なわれるものであって、より積極的な意義をもつものである。その点では同和行政は、基本的には国の責任において当然行なうべき行政であって、過渡的な特殊行政でもなければ、行政外の行政でもない。部落差別が現存するかぎりこの行政は積極的に推進されなければならない。

　したがって同和対策は、生活環境の改善、社会福祉の充実、産業職業の安定、教育文化の向上及び基本的人権の擁護等を内容とする総合対策でなければならないのである。

　以上の諸施策は、各々その分野において強力に推進されなければならないが、同時に、総合対策として統一的に把握され、有機的かつ計画的に実施されなければならない。

　なお、この際とくに次の諸点に留意する必要が認められる。

①　社会的、経済的、文化的に同和地区の生活水準の向上をはかり、一般地区との格差をなくすことが必要である。このためには、生活

環境の改善、社会福祉の充実、産業職業の安定、教育文化の向上等の諸施策を積極的かつ強力に実施しなければならない。なおこの場合、地区住民の自覚をうながし、自立意識を高めることが強く要請される。
② 地区住民に対する差別的偏見を根絶することが必要である。このためには、学校教育、社会教育を通じて同和教育の徹底をはかるとともに、人権擁護活動を活発に展開しなければならない。なおこの場合、部落差別は古い因習や迷信と無関係ではあり得ない。したがって、このような弊風を温存する非合理性の強い、おくれた地域社会の体質を改善し、その近代化をはかるためにも適切な対策を講ずることがきわめて大切である。
③ 同和問題を社会開発および経済開発の中に正しく位置づけ、前進する日本の政治態勢の中でその解決をはかることが必要である。たとえば多年の懸案である生活環境の改善や就職の機会均等などの諸施策は、このような現在の前向きの姿勢の中で積極的に推進されなければならない。

1．環境改善に関する対策
（1）基本的方針
同和対策としての環境改善対策は、健康で文化的な生活を営むため、その生活基盤である環境を改善し、地域にからむ差別的偏見をなくすことである。すなわち、住むところが違うという意識を醸成する劣悪な環境を改善することは、社会福祉の充実、経済生活の確立及び教育水準の向上などの諸施策の基底となるもので、特に重要な意義をもっている。

したがって、この対策の実施推進にあたっては現行の制度や施策にとらわれることなく、前向きの姿勢で積極的に取り組む必要があり、とくに、社会開発の重要な課題として計画的に推進されなければならない。
① 立地条件の改善
部落が劣悪なる生活環境におかれている原因は、河川敷、堤防下、崖

の上、谷間、低湿地、浜辺といったような大風雨や豪雨によって、たちまち災害を受けるようなことが多いからであり、中には人間の住むところではないといったような地域もみられる。すなわちこのような居住地域については、その実態を調査し、抜本的に改善する対策を樹てる必要が認められる。

② 同和地区環境の改善

同和対策としての環境の改善は、現在の地区の実態を根本的に解消するというねらいを持つものでなくてはならない。その方針としては地区整理を実施する必要性が認められる。住宅地区改良事業、土地区画整理事業などの現行制度による改善が行なわれるにしても、特別な基準または、特別な手法で行なう必要がある。

③ 小部落地域の改善

農山漁村の中の特に戸数の少ない地区の環境改善は、特別の配慮を必要とする。地理的条件はもちろん、経済的、社会的条件にも欠けているこれらの地区は、農政が曲り角にきたといわれる中で取り残される実情の下にある。それは地区が経済的にゆきづまってきたことや青少年が都会に流出しつつあることによってうかがわれる。その意味ではこれらの地区においては、住民の移住、転居をも考慮した適切な環境改善が必要である。

④ 環境改善対策の総合性

環境改善対策は、社会福祉の充実、経済生活の確立および教育水準の向上などの諸施策と相まって、実施されなければならない。住宅、道路、水道、下水などの基本的な施設はいうまでもなく、隣保館、保育所、診療所、集会所、共同浴場、共同作業場、児童遊園等の福祉施設もそれぞれの地区の実情に即して適当に設置される必要がある。

⑤ 環境改善と国の責任

環境改善対策は、その歴史性と社会性に鑑みて、基本的には国の責任において実施されなければならない。現行制度の諸施策は府県や市町村など、地方公共団体の財源難のために、ゆきづまっているものが多い。

いわんや用地の確保、造成に対する特別措置等、地区整理の目的を達成するような対策は、原則的には国の責任において実施することが必要である。

（2）具体的方策

① 地区整備対策

市街地地区及び農山漁村地区の抜本的な環境改善をはかるため、住宅の建設、改修及び移転、道路及び上下水道の設置、集会所、保育所、隣保館等の施設の建設などを総合的に行なう基本計画の作成を含む地区整備の制度を設けること。

その際、災害危険区域その他立地条件の劣悪な地域については、防災的施設の整備、要すれば部落の移転についても行ないうる制度とすること。

② 住宅対策

Ⅰ）公営住宅及び改良住宅の建設を積極的に行なうこと。

Ⅱ）住宅または宅地のための長期低利融資制度を充実すること。

Ⅲ）住宅改修のための長期低利融資制度を充実すること。

Ⅳ）農村漁村向住宅の特殊性を考慮した制度を検討すること。

③ 生活環境の整備

Ⅰ）地方改善事業対策

地方改善事業については、対象地区の実態に即した環境改善事業が推進できるように更に一層拡充強化をはかること。

特に地区道路、下水排水施設、橋梁施設等の整備拡充、隣保館、共同作業場等の共同利用施設の整備拡充、その他共同井戸、共同炊事洗濯場、共同便所、墓地移転、納骨室、火葬場、ごみ焼却炉、し尿貯溜槽、と場移転等の各種施設の整備拡充をはかること。

Ⅱ）上水道普及の促進

都市的地域はもとより、中小都市、農村地区における上水道の普及率はきわめて低い。全般的には水道の共同利用ないし井戸利用の形態が多い。したがって、都市、農村地区を問わず、普及率のいちじるしく低い

地区に重点をおき、上水道、簡易水道の敷設、普及をはかる。ことに傾斜地、山間などの立地条件の悪い部落では、水資源の確保、給水能力の向上をはかること。

Ⅲ）下水、し尿、塵芥処理

下水設備の未整備、し尿、塵芥などの公的機関を通じての衛生的な処理のおくれや公的な環境衛生施設の未整備については都市、農村地区ともに早急の解決をはかること。

Ⅳ）公害対策

都市的地区ないしは近郊農村地区に屡々集中してみられる零細な部落産業、家内工業の諸設備は完全な整備をみる場合が殆んどない。ことに河川、下水の汚濁、騒音、悪臭などの非衛生的な生活環境は、稠密な部落の生活環境を阻害し、健康を害するおそれがでている。地区内の零細な諸産業の密集とともに、こうした公害問題の発生をみる。これに対しては、地区の公害問題の検討を促し、その防除を可能にする助成措置を保健福祉の面から積極的にすすめること。

Ⅴ）公園、緑地、児童遊園等

部落内には公園、緑地、児童遊園等の諸施設の設置が不十分であるので積極的にこれらの施設を整備すること。

２．社会福祉に関する対策

（１）基本的方針

地区は「差別のなかの貧困」の状態におかれている。原始社会の粗野と文明社会の悲惨とをかねそなえた地区の実態は、日本社会の構造的欠陥の集約的なあらわれにほかならないが、その低劣な生活実体を媒介として差別の観念が再生産され、助長されるという悪循環がくりかえされる。それゆえ、地区には一般平均をはるかにこえる生活保護受給率がみられるばかりでなく、疾病、犯罪、青少年非行など社会病理現象の集中化が顕著である。したがって地区における社会福祉の問題は、単なる一般的な意味での社会福祉ではなく、差別と貧困がかたく結びついた同和

問題としての社会福祉の問題としてとらえるべきで、その対策の目標と方向は、

① 憲法（第14条、第25条）の条文を現実の社会関係に具現し、対象地区住民の基本的人権を完全に保障することによって同和問題の根本的解決を実現することが究極の目標でなければならない。

② 当面の目標としては、現行社会保障制度を改善、拡充整備して国際的水準の社会保障制度を確立すること。さしあたり少なくとも、社会保障制度審議会の答申内容を早急に、全面的に実現すること。

③ 同和問題の特殊性にかんがみ、対象地区住民の個人および集団の諸問題を社会福祉の対象とし、一般的な社会福祉との関連の下に同和問題としての社会福祉を位置づけ、実効ある諸施策を積極的に実施すること。

④ 対象地区住民の近代精神を育成、助長して人権意識と国民的自覚を喚起し、自立向上の意欲を高揚すること。

（2）具体的方策

Ⅰ）社会福祉関係の公的機関、施設および民間関係団体の同和問題に関する認識と理解を普及徹底させる措置を講ずること。

Ⅱ）公的機関を通じて対象地区に関する社会福祉調査を行ない、国はその調査資料に基づく社会福祉計画を樹立し、総合的、計画的に所要の諸施策を実施して目標の達成に努めること。

Ⅲ）対象地区の社会福祉活動を推進する専門ワーカーの養成、配置に努めること。そのために社会福祉関係大学等の教育機関との連携を緊密にし、専門ワーカーの養成を委託する等適切な措置を講ずること。

Ⅳ）福祉事務所、保健所、児童相談所、隣保館、公民館などの関連諸機関、施設および社会福祉協議会、新生活運動協議会などのほか学校、地域団体などを包括する協議機関、活動組織を設け、対象地区の社会福祉を積極的に推進すること。

Ⅴ）既設の隣保館、公民館、集会所などを、総合的見地に立って拡充

し、その施設のない地区には新設して、欧米諸国にみられるコミュニティセンターのごとき総合的機能をもつ社会施設を設置するとともに、指導的能力ある専門職員を配置すること。

Ⅵ) 公的扶助の保護基準額を引上げること。また、各種社会保険の被保険者負担を軽減するとともに保険給付の内容を改善すること。さらに保険未加入者解消のための適切な措置を講ずること。

Ⅶ) 児童福祉、身体障害者福祉、老齢者福祉などを一層増進するための制度の充実、改善を促進するなど所要の施策を積極的に行なうこと。

Ⅷ) 対象地区において顕著な疾病に対する治療、予防、健康管理等の措置を積極的に行なうとともに、リハビリテーションの推進、医療機関の整備などに万全の措置を講ずること。

Ⅸ) 伝染病予防、衛生思想の普及徹底、巡回診療、集団検診など公衆衛生の増進施策を積極的に行なうこと。

Ⅹ) 対象地区における心身障害者対策を強化し、乳幼児の特別検診による早期発見、療育相談の定期実施、身障者更生相談の実施などを積極的に行なうこと。

Ⅺ) 対象地区婦人の就労状況に鑑み、乳幼児保育所および児童の健全育成のための児童館等の設置を促進すること。また各種医療機関、保健所など公的機関、施設による家族計画、育児、母子保健、生活の合理化などに関し適切な指導を強化すること。

3. 産業・職業に関する対策

(1) 基本的方針

同和地区の産業・職業状態をみると、まさにわが国産業経済の二重構造の最底辺を形成している。同和地区の農漁村は、非近代的なわが国農漁業のうちでもとくに遅れた前近代的な零細経営であり、皮革履物等の伝統的産業は、中小企業以下の生業的な過小零細経営が圧倒的多数を占めている。これら同和地区の産業は、歴史的・社会的制約により日陰の

存在としてわが国の経済発展からとり残されているのであるが、それはまた、わが国経済の高度成長を阻害する制約ともなっていることは見逃せない。とくに注目しなければならぬことは、同和地区住民は、不当な差別により就職の機会均等が完全に保障されていないため、近代産業から締出され、いわゆる停滞的過剰人口が同和地区に数多く滞溜していることである。

　それゆえ、地区住民の生活はつねに不安定であり、経済的・文化的水準はきわめて低い。これは差別の結果であるが、同時にまた、それが差別を助長し再生産する原因でもある。かくて、同和問題の根本的解決をはかる政策の中心的課題の一つとしては、同和地区の産業・職業問題を解決し、地区住民の経済的・文化的水準の向上を保障する経済的基礎を確立することが必要である。

　以上の見地に立つとき、同和対策としての産業・職業に関する対策の基本的方向と目標は、次のごとくでなければならない。

① 　同和地区のような経済的基盤の劣弱な後進地区では、社会開発と経済開発を併行的に行なうかあるいは社会開発を経済開発に先行させることが必要である。すなわち、同和地区の非近代的な社会経済構造を改革して近代的な地域社会を建設する目標の下に、経済開発計画と関連させて地区住民の生活、文化、福祉の向上をはかる諸施策を積極的に実施し、地区の経済開発を推進する方向で地区の整備を行なうこと。

② 　同和地区には多数の停滞的過剰人口が滞溜しているが、さらに経済の高度成長の過程で地区の産業の衰退に伴う失業者、転廃業者の多発が予想される。しかも差別のために就職困難という事情が加わるので問題は一層深刻である。このような地区の停滞的過剰人口を良質の労働力として育成して近代産業部門に就労せしめる人的能力の開発が必要である。特に新規学卒の若年労働者に重点を置いて積極的に実施すること。

③ 　同和地区の経済開発は、わが国経済のいわゆる二重構造を解消す

る政策の一環として、地区の特殊事情に即した特別の配慮をもって行なわれなければならない。すなわち、地区の農林水産業、各種製造業、各種販売業およびサービス業の実態を把握し、わが国産業経済の成長発展に対応して近代的企業として存立しうる条件をもつもの、あるいはその可能性を有するものに対しては、特別の助成および融資等による保護育成の方針をとり、衰退産業部門に属する過小零細企業で早晩没落の運命を免れえないものに対しては、職業の転換を円滑に推進する等の諸施策を行なうこと。

(2) 具体的方策

① 農林水産対策

Ⅰ) 土地改良、土壌改良、農地の開発造成、農道、水利、排水等の設備、土地の交換分合等の施設事業に対する助成と指導を積極的に行なうこと。

Ⅱ) 動力、機械、科学技術等の導入、作業場、倉庫等共同利用施設の整備拡充などに必要な経費の補助と技術改良の指導を積極的に行なうこと。

Ⅲ) 畜産、養蚕、酪農、果樹、園芸、農産加工など適地適産の多角経営への移行を奨励指導し、それに必要な共同施設の整備に要する経費の補助、低利長期の融資等を積極的に行なうとともに生産経営等に関する技術指導を行なうこと。

Ⅳ) 国有、公有の開墾可能な山林、原野、沼沢等を払下げ、開墾、営農及び住宅建築などに対する助成、低利長期の融資等援助措置を積極的に行なうこと。

Ⅴ) 山林、草地など共有地の入会権、慣行水利権等に絡む差別を撤廃し、その利用と管理の民主化を促進する適切な行政措置を講ずること。

Ⅵ) 離農を希望する農家の転業、転職を円滑ならしめるため、転業資金の融通、職業指導および職業訓練、就職斡旋など所要の援護措置を積極的に講ずるとともに離農者報償金制度の急速な実現に

　　　　努めること。
　　Ⅶ）魚礁、養殖場など漁業生産基盤の整備、動力漁船の建造、漁具の整備、漁港の築造または改修など漁業の施設の整備改善に要する経費の補助と低利長期の融資を積極的に行なうこと。
　　Ⅷ）他産業への転業、転職を希望する零細漁民に対しては、職業転換を円滑ならしめるため、転業資金の融通、転業指導、職業訓練および就職斡旋などの援助措置を講ずるとともに漁業から離れるものに対する報償金制度の特別措置を講じ、生活の安定と向上を図る施策を積極的に行なうこと。
　　Ⅸ）農山漁村失業者対策および出稼ぎ対策を樹立し実施すること。
② 中小零細企業対策
　　Ⅰ）事業協同組合等の組織化を奨励指導するとともに既存組合の拡充、運営改善の指導と援助を行ない、企業集約化等の合理化と雇用関係、労働条件等の近代化を促進する諸施策を積極的に行なうこと。
　　Ⅱ）協同組合等の共同施設に対する設備近代化資金貸付制度を活用し、企業の近代化を促進し生産性向上をはかる諸施策を積極的に行なうこと。
　　Ⅲ）現行技術改善費補助金、技術指導費補助金制度を拡充改善するとともに公設試験研究機関を拡充強化し、「部落」中小零細企業の技術革新を促進すること。
③ 就業状態の改善対策
　　Ⅰ）新規学卒者の近代産業への雇用を促進するため職業安定機関と教育機関の連携協力を一層緊密にし、職業指導、就職斡旋、定着指導等の諸施策を拡充強化すること。
　　Ⅱ）対象地区関係の就職者が要望する場合は雇用促進事業団において身元保証を行なうこと。
　　Ⅲ）職業安定協力員制度を拡充強化し、対象地区関係者の就職を円滑に促進するため協力員の人選および配置に特別の措置を講ずる

こと。
Ⅳ）職業訓練所を増設、拡充し、対象地区出身の中高年齢労働者、失業者、不完全就業者、転廃業者等の職業訓練を積極的に行なうとともに訓練手当増額支給の措置を検討し、その実現に努めること。
Ⅴ）職業訓練所を拡充強化し、対象地区出身の若年労働者に対する職業訓練を積極的に行なうとともに訓練手当増額支給の措置を検討し、その実現に努めること。
Ⅵ）農漁業および中小零細企業の転廃業者および従業者の雇用を促進するための諸施策を積極的に行なうこと。
Ⅶ）求人者側の理解を求めるために必要な諸施策を積極的に行なうとともに、雇用の選考基準、採用方針、選考方法などに関する差別待遇を根絶するため、職業安定法に基づき啓発と指導を強力に行なうこと。
Ⅷ）「部落」出身の中高年者等就職困難な求職者の雇用を促進するため、職場適応訓練を拡充すること。
Ⅸ）失業者就労事業における労務者の待遇改善、就職促進、新規失業者登録条件の実情に即した取扱等失業対策を拡充強化すること。
Ⅹ）社外工、臨時工等不安定な雇用関係の下にある労働者の常用化を促進する措置を講ずること。
Ⅺ）中小零細企業における労働法規、社会保険制度などの厳正なる実施適用に関する指導監督を一層強化すること。

4．教育問題に関する対策
（1）基本的方針
　同和問題の解決に当って教育対策は、人間形成に主要な役割を果すものとしてとくに重要視されなければならない。すなわち、基本的には民主主義の確立の基礎的な課題である。
　したがって、同和教育の中心的課題は法のもとの平等の原則に基づき、

社会の中に根づよく残っている不合理な部落差別をなくし、人権尊重の精神を貫ぬくことである。この教育では、教育を受ける権利（憲法第26条）および、教育の機会均等（教育基本法第3条）に照らして、同和地区の教育を高める施策を強力に推進するとともに個人の尊厳を重んじ、合理的精神を尊重する教育活動が積極的に、全国的に展開されねばならない。

特に直接関係のない地方においても啓蒙的教育が積極的に行なわれなければならない。

① 同和教育についての基本的指導方針の確立の必要

同和対策としての同和教育に関しては遺憾ながら国として基本的指導方針の明確さに欠けるところがある。人権尊重の民主主義教育の推進が、地域格差の解消に役立つことを否定するものではない。しかし、戦後の民主教育がその方面に効果をあげつつも、戦後20年の今日、依然として恥ずべき差別が日本の社会に厳として存在していることは反省されなければならない。

すなわち、憲法と教育基本法の精神にのっとり基本的人権尊重の教育が全国的に正しく行なわれるべきであり、その具体的展開の過程においては地域の実情に即し、特別の配慮に基づいた教育が推進される必要がある。

しかも、それは、同和地区に限定された特別の教育ではなく、全国民の正しい認識と理解を求めるという普遍的な教育の場において、考慮しなければならない。

このような認識の上に同和教育の基本的指導方針が、国として確立される必要がある。

なお、同和教育を進めるに当っては、「教育の中立性」が守られるべきことはいうまでもない。同和教育と政治運動や社会活動の関係を明確に区別し、それらの運動そのものも教育であるといったような考え方はさけられなければならない。

② 教育行政機能の積極性

国の指導方針の不明確の現状は、都道府県教育委員会などの対策においていちじるしい格差を生じ、民間教育団体の動きにもまた、さまざまな相違が生じ、その影響は義務教育段階においてとくに著しい。このような格差のある教育行政の存在は同和地区解放に大きな影響を与えるものである。

　全国的に均衡のとれた行政体制の確立が要望される。

　③　同和教育指導者の不足と充実

　同和教育は、学校教育、社会教育、さらに家庭教育をふくめたすべての教育の場で進められる。そのさいとくに必要となるのは地区と一般地区の別を問わず、同和問題に関して深い認識と理解をもつ指導者の不足していることである。

　同和教育が効果的に進められている地方は、この方面の教育に関心をもつ教員や指導者数に比例するともいえる。

　すなわち、地方の実状からすると、学校教育にせよ、社会教育にせよ、熱意のある指導者の存在するところが、同和教育は行届いているといえる。

　地区住民の生活向上、社会の差別意識の撤廃等は、その根本は深く、かつ広いので、その打開は必ずしも容易でない。とくに解放の基礎となる生活と文化を高めるために、指導者の必要性が痛感される。

　④　政府機関相互の連絡の調整

　あえて、同和教育ばかりをいうのではない。しかし、とくに同和対策関係諸官庁の横の連絡には欠陥が多い。

　学校教育における長欠、不就学の処置は、厚生省所管の生活保護ならびに社会保障との関連を必要とし、中学卒、高校卒の就職は、進路指導にともなって、労働省関係の職業訓練、就職斡旋と関係する。

　社会教育については、社会教育関係団体である青年団体、婦人団体との連繋を密にし、厚生省所管の隣保館などの福祉施設と、文部省所管の公民館ならびに集会所との関係など、調整を要する部面も少なくない。

（2）具体的方策
　①　学校教育
　　Ⅰ）同和教育の目標、方法の明示
　　　　同和教育の具体的な指導の目標、および具体的な方法を明確にし、その徹底をはかること。
　　　　とくに差別事象等の発生した場合には教育の場においてそれの正しい認識を与えるよう努力すること。
　　Ⅱ）学力の向上措置
　　　　同和地区子弟の学力の向上をはかることは将来の進学、就業ひいては地区の生活や文化の水準の向上に深い関係があるので、他の施策とあいまって、児童生徒の学力の向上のため、以下に述べるような教育条件を整備するとともにいっそう学習指導の徹底をはかること。
　　Ⅲ）進路指導に関する措置
　　　　同和地区生徒に対する進路指導をいっそう積極的に行なうこと。
　　　　特に就職を希望する生徒に対しては、職業安定機関等の密接な協力を得て、生徒の希望する産業や事業所への就職が容易にできるようにするとともに、将来それらの職業に定着するよう指導すること。
　　Ⅳ）保健、衛生に関する措置
　　　　同和地区児童生徒について、集団検診を励行するなど、保健管理および保健指導について特別の配慮をすること。
　　Ⅴ）同和地区児童生徒に対する就学、進学援助措置
　　a　経済的事由により、就学が困難な児童生徒にかかる就学奨励費の配分にあたっては特別の配慮をすること。
　　b　高等学校以上への進学を容易にするため特別の援助措置をすること。
　　Ⅵ）同和地区をもつ学校に対しては、教員配分について関係府県の教育委員会は特別の配慮をすること。

Ⅶ）教職員の資質向上、優遇に関する措置
a　教員養成学部を置く大学においては、教員となるものに対し、同和問題に関し理解を深めるよう特別の措置を講ずること。
b　教職員（教員、校長、教育委員会職員）に対し同和教育に必要な資料を作成配布すること。
c　同和地区を持つ学校の教職員については特別昇給等の優遇措置を講ずること。
Ⅷ）学校の施設、設備の整備に関する措置
　　貧困家庭の多い同和地区をもつ小中学校および幼稚園の施設設備をいっそう促進するため、特別の配慮を行なうこと。
Ⅸ）同和教育研究指定校に関する措置
　　国および府県は同和教育研究指定校の増設および研究費について増額すること。
Ⅹ）同和教育研究団体等に対する助成措置
　　同和教育に関し、教育研究団体等の行なう研究に対し、補助を行なうこと。
② 社会教育
Ⅰ）同和地区における青年、成人、婦人等を対象とした学級、講座、講演会、講習会等の開設、開催を奨励援助し、住民がその教育水準を向上して家庭および地域社会における人間関係の改善をはかるとともに生活を合理化するための機会を提供すること。
Ⅱ）一般地区における青年、成人、婦人等を対象とした青年学級、成人学級、婦人学級、家庭教育学級、講演会、講習会等において、人権の尊重、合理的な生活の態度、科学的な精神、社会的連帯意識等の課題を積極的に学習内容にとりあげるとともに、地域の実情に即して同和問題について理解を深めるよう社会教育活動を推進すること。
Ⅲ）同和地区における住民の自主的、組織的な教育活動を促進し、住民みずからの教育水準の向上を助けるために、子供会、青年団、

婦人会等、少年、青年、婦人等を対象とした社会教育関係団体の結成を援助し、その積極的な活動を奨励すること。

　なお、地区の実情等に即して同和問題の理解を深めるよう、同和地区における学校、社会、家庭の有機的な連携をとるよう奨励すること。

Ⅳ）差別事象がおきた際には、社会教育においてもその事象に即して適切な教育を行なうよう配慮すること。

Ⅴ）同和地区の社会教育施設の効果的な運営をはかるため、当該施設に専任の有能な職員を配置すること。

Ⅵ）社会教育における同和教育の指導者の資質の向上と、指導力の強化をはかること。

Ⅶ）指導者の資質の向上のために教育委員会その他の社会教育に関係のある機関においては、地方の実情等に応じて社会教育における同和教育の参考資料を作成し、同和教育に関する指導者研修会等において相互に事例発表、情報交換等を積極的に行なうこと。

Ⅷ）同和地区における教育水準の向上をはかるために同和地区集会所の整備、充実をはかること。

　なおその際、隣保館との有機的な連携に配慮すること。

Ⅸ）同和地区集会所の設置費国庫補助については、坪単価、補助対象面積、補助対象設備品等の改善をはかること。

　なお市町村が設置する同和地区集会所の事業費についても国の助成措置を拡充するよう配慮すること。

Ⅹ）同和地区集会所の運営にあたっては、これを単に住民の公共的利用に供するばかりでなく、集会所みずから学級、講座等、社会教育活動を積極的に展開し社会教育施設としての機能を十分発揮するよう考慮すること。

５．人権問題に関する対策
（１）基本的方針

　日本国憲法は、人種、信条、性別、社会的身分又は門地により、政治的、経済的、又は社会的関係において差別されないことを基本的人権の一つとして保障し、立法その他の国政の上でこれを最大に尊重すべき旨を宣言している。

　しかし、審議会による調査の結果は、地区住民の多くが「就職に際して」「職業上のつきあい、待遇に関して」「結婚に際して」あるいは、「近所づきあい、または学校を通じてのつきあいに関して」差別をうけた経験をもっていることが明らかにされた。しかも、このような差別をうけた場合に、司法的もしくは行政的擁護をうけようとしても、その道は十分に保障されていない。

　もし国家や公共団体が差別的な法令を制定し、あるいは差別的な行政措置をとった場合には、憲法14条違反として直ちに無効とされるであろう。

　しかし、私人については差別的行為があっても、労働基準法や、その他の労働関係法のように特別の規定のある場合を除いては「差別」それ自体を直接規制することができない。

　「差別事象」に対する法的規制が不十分であるため、「差別」の実態およびそれが被差別者に与える影響についての一般の認識も稀薄となり、「差別」それ自体が重大な社会悪であることを看過する結果となっている。

　①　人権擁護制度組織の確立

　　基本的人権の擁護を法務省の一内局である人権擁護局の所管事務とし、しかも民事行政を主掌する法務局および地方法務局に現場事務を取扱わせている現在の機構は再検討する必要がある。戸籍や登記事務を扱っていた者が人権擁護の職務に配置されるという組織にも不適当なものがある。

　　また、基本的人権の擁護という、この広汎重要な職務に、直接たず

さわる職員が全国で200名にも達せず、その予算も極めて貧弱なことが指摘される。

② 人権擁護委員の推薦手続や配置されている現状や人権擁護の活動状況等からみて、その選任にはさらに適任者が適正に配置されるよういっそうの配慮が要望される。

実費弁償金制度等についても職能を十分にはたせるだけの費用が必要である。

③ 同和問題に対する理解と認識

現状における担当者および委員の同和問題についての理解と認識は必ずしも十分とはいえない。研修、講習等の強化によってその重要性の把握に努力する必要が認められる。

④ 人権擁護活動の積極性

人権擁護機関による擁護活動は、人権を侵害したものに対し、人権尊重について啓発して、侵害者自身の自発的な意思によって侵害行為の停止、排除、被害の回復等の措置をとらせることであって、人権擁護機関が直接その権限によって、侵害行為を停止させる措置がとられるのではない。

したがって、このような方法によらざるを得ない現状ではとくに担当者および委員に差別意識を根絶するための啓蒙活動について自覚と熱意が必要である。

(2) 具体的方策

Ⅰ) 差別事件の実態をまず把握し、差別がゆるしがたい社会悪であることを明らかにすること。

Ⅱ) 差別に対する法的規制、差別から保護するための必要な立法措置を講じ、司法的に救済する道を拡大すること。

Ⅲ) 人権擁護機関の活動を促進するため、根本的には人権擁護機関の位置、組織、構成、人権擁護委員に関する事項等、国家として研究考慮し、新らたに機構の再編成をなすこと。しかし、現在の機関としても、次の対策を急がねばならない。

- a 担当職員の大幅な増加をはかり、重点的な配置を行なうこと。
- b 委員委嘱制度を改正し、真にその職務にふさわしい者が選出されるようにし、またその配置を重点的に行なうこと。
- c 人権相談を活発にし、かつ実態調査につとめ、これらを通じて地区との接触をはかりその結果を担当職員および委員に周知せしめる措置をとること。
  その他、つねに同和問題についての認識と差別事件の正しい解決についての熱意を養成するため研修、講習の強化に努力すること。
- d 事件の調査にあたっては、地区周辺の住民に対する啓発啓蒙をあわせて行ない、不断にこれをつづけること。
- e 以上の諸施策を行なうための十分な予算を確保保障すること。

結　語

同和行政の方向

　同和問題の根本的解決にあたっては、以上に述べた認識に立脚し、その具体策を強力かつすみやかに実施に移すことが国の責務である。したがって国の政治的課題としての同和対策を政策のなかに明確に位置づけるとともに、同和対策としての行政施策の目標を正しく方向づけることが必要である。そのためには国および地方公共団体が実施する同和問題解決のための諸施策に対し制度的保障が与えられなければならないが、とくに次の各項目についてすみやかに検討を行ない、その実現をはかることが、今後の同和対策の要諦である。
① 現行法規のうち同和対策に直接関連する法律は多数にのぼるが、これら法律に基づいて実施される行政施策はいずれも多分に一般行政施策として運用され、事実上同和地区に関する対策は枠外におかれている状態である。これを改善し、明確な同和対策の目標の下に関係制度

の運用上の配慮と特別の措置を規定する内容を有する「特別措置法」を制定すること。

② 同和対策は、今後の政府の施策の強化により新らしい姿勢をもって推進されるべきであるが、このためにはそれに応ずる新たな行政組織を考慮する必要がある。政府の施策の統一性を保持し、より積極的にその進展をはかるため、従前の同和問題閣僚懇談会をさらに充実するとともに施策の計画の策定およびその円滑な実施などにつき協議する「同和対策推進協議会」の如き組織を国に設置すること。

③ 地方公共団体における各種同和対策の水準の統一をはかり、またその積極的推進を確保するためには、国は、地方公共団体に対し同和対策事業の実施を義務づけるとともに、それに対する国の財政的助成措置を強化すること。この場合、その補助対象を拡大し、補助率を高率にし、補助額の実質的単価を定めることなどについて、他の一般事業補助に比し、実情を配慮した特段の措置を講ずること。

④ 政府による施策の推進に対応し、これを補完し、かつ可及的すみやかにその実効を確保するため、政府資金の投下による事業団形式の組織が設立される等の措置を講ずること。

⑤ 同和地区内における各種企業の育成をはかるため、それらに対する特別の融資等の措置について配慮を加えること。

⑥ 同和問題の根本的解決と同和対策の効率的な実施のためには、長期的展望の下に、総合計画を策定し、環境改善、産業、職業、教育などの各面にわたる具体的年次計画を樹立すること。

同和問題の早期解決に向けた今後の方策の基本的な在り方について（意見具申）

平成8年5月17日

内閣総理大臣
関係各大臣殿

地域改善対策協議会

　本協議会は、平成3年12月11日の本協議会意見具申が指摘した地域改善対策の今後の基本的な課題について審議するため、平成5年7月28日、本協議会の中に総括部会を設置した。総括部会は、平成5年10月以来、29回にわたって審議を行い、本年3月28日に意見をとりまとめ、本協議会に対し別添のとおり報告がなされた。

　本協議会は上記報告を踏まえて審議を行った結果、本日、同和問題の早期解決に向けた方策の基本的な在り方について、同報告の内容をもって本協議会の意見とし、これを具申することとした。政府におかれては、本協議会の意見を尊重し、同和問題の早期解決に向けた施策の推進に当たられるよう要望するものである。

（別添）

　地域改善対策協議会においては、同和問題の早期解決を図るため、平成3年12月の地域改善対策協議会意見具申が地域改善対策の今後の基本的な課題として掲げている、①心理的差別の解消に向けた啓発等のソフト面の推進方策、②行政運営の適正化等今後の地域改善対策を適正に推進するための方策、③地域改善対策特定事業（物的事業及び非物的事業）の一般対策への円滑な移行方策等を審議する機関として、平成5年7月28日の総会で当部会の設置を決定した。

当部会は、平成5年10月6日の第1回会合以来、これまで約2年半にわたり、29回に及ぶ部会を開催し、関係各省庁からの説明、政府が実施した平成5年度同和地区実態把握等調査をはじめとするこれまでの関係諸調査、民間運動団体・民間研究所及び地方公共団体からの意見聴取、さらには現地視察等を踏まえ、国際的な潮流や人権問題全般も視野に入れつつ、同和問題の早期解決に向けた今後の方策の在り方について、幅広く審議を行ってきた。

　今般、同和問題の早期解決に向けた今後の方策の基本的な在り方について当部会の意見を取りまとめたので、審議の結果として別紙のとおり報告する。

　本報告に盛り込まれた施策を実現していくため、法的措置の必要性を含め各般の措置について具体的な検討を要するものと考えられる。本報告が地域改善対策協議会に報告された後、政府においても検討が行われるものと考えるが、いずれにしても、当部会としては、同和問題が早期に解決され、我が国が基本的人権の尊重の面で国際社会において積極的な貢献を果たせる存在になっていくことを期待したい。

（別紙）

1．同和問題に関する基本認識

　今世紀、人類は二度にわたる世界大戦の惨禍を経験し、平和が如何にかけがえのないものであるかを学んだ。しかし、世界の人々の平和への願いにもかかわらず、冷戦構造の崩壊後も、依然として各地で地域紛争が多発し、多くの犠牲者を出している。紛争の背景は一概には言えないが、人種や民族間の対立や偏見、そして差別の存在が大きな原因の一つであると思われる。こうした中で、人類は、「平和のないところに人権は存在し得ない」、「人権のないところに平和は存在し得ない」という大きな教訓を得た。今や、人権の尊重が平和の基礎であるということが世

界の共通認識になりつつある。このような意味において、21世紀は「人権の世紀」と呼ぶことができよう。

　我が国は、国際社会の一員として、国際人権規約をはじめとする人権に関する多くの条約に加入している。懸案となっていた「あらゆる形態の人種差別の撤廃に関する国際条約」（人種差別撤廃条約）にも加入し、「人権教育のための国連10年」への本格的な取組みも開始された。世界の平和を願う我が国が、世界各国との連携・協力の下に、あらゆる差別の解消を目指す国際社会の重要な一員として、その役割を積極的に果たしていくことは、「人権の世紀」である21世紀に向けた我が国の枢要な責務というべきである。

　ひるがえって、我が国固有の人権問題である同和問題は、憲法が保障する基本的人権の侵害に係る深刻かつ重大な問題である。戦後50年、本格的な対策が始まってからも四半世紀余、同和問題は多くの人々の努力によって、解決へ向けて進んでいるものの、残念ながら依然として我が国における重要な課題と言わざるを得ない。その意味で、戦後民主主義の真価が問われていると言えよう。また、国際社会における我が国の果たすべき役割からすれば、まずは足元とも言うべき国内において、同和問題など様々な人権問題を一日も早く解決するよう努力することは、国際的な責務である。

　昭和40年の同和対策審議会答申（同対審答申）は、同和問題の解決は国の責務であると同時に国民的課題であると指摘している。その精神を踏まえて、今後とも、国や地方公共団体はもとより、国民の一人一人が同和問題の解決に向けて主体的に努力していかなければならない。そのためには、基本的人権を保障された国民一人一人が、自分自身の課題として、同和問題を人権問題という本質から捉え、解決に向けて努力する必要がある。

　同和問題は過去の課題ではない。この問題の解決に向けた今後の取組みを人権にかかわるあらゆる問題の解決につなげていくという、広がりをもった現実の課題である。そのような観点から、これまでの成果を土

台とし、従来の取組みの反省を踏まえ、未来に向けた新たな方向性を見極めるべき時に差しかかっていると言えよう。

2．同和問題解決への取組みの経緯と現状

(1) これまでの経緯

　明治４年の太政官布告は、同和問題の解決に向けた出発点になったが、十分な対策はとられず、強固な差別意識が残された。戦後、昭和28年度に隣保館設置の補助事業が始まり、昭和35年度からはモデル地区において総合事業が開始された。これらは新憲法の下での新しい一歩ではあったが、同和地区の生活実態はなお劣悪であり、全国的にみて対策の不均衡もみられた。

　昭和40年の同対審答申は、あらゆる意味で今日までの対策の基礎になってきた。同和問題の解決は国の責務であると同時に国民的課題であるとの基本認識を明確にし、国や地方公共団体の積極的な対応を促したことなど、同和問題の解決を図る上でこの答申が果たした歴史的意義は極めて大きい。答申がなされてから既に30年余り経過しているが、同和問題の早期解決に向けて、この答申の趣旨を今後とも受け継いでいかなければならない。

　同対審答申を踏まえ、昭和44年に10年間の限時法として同和対策事業特別措置法（同対法）が制定され、その後の３年間の延長も含め、特別対策が総合的に推進された。この間の対策により、物的な基盤整備が急速に進展するなど大きな成果をあげたが、心理的差別の解消の面では大きな課題が残った。また、事業の進展に伴い、一部に周辺地域との均衡や一体性を欠いた事業の実施がみられたり、えせ同和行為などの新たな問題も発生してきた。

　このため、同対法に基づく事業の中で必要なものを継承しつつ、それまでの施策の反省を踏まえた地域改善対策特別措置法（地対法）が昭和57年に５年間の限時法として制定された。その後、昭和62年、地域改善

対策の一般対策への円滑な移行のための最終法として提案された現行の地域改善対策特定事業に係る国の財政上の特別措置に関する法律（地対財特法）が5年間の限時法として制定され、平成4年に5年間延長された。地対法、地対財特法を通じ、特別対策を必要に応じて見直しながら引き続き実施する一方、心理的差別の解消を目指した啓発事業の積極的な展開を図るとともに、行政の主体性の確立、えせ同和行為の排除などの適正化対策が推進され、現在、地対財特法の期限まで残り約1年という段階に差しかかっている。

(2) 現状と課題

これまでの対策の効果を測定し、同和地区の実態や国民の意識等について把握するため、平成5年度に同和地区実態把握等調査（実態調査）が実施された。当部会では「同和地区実態把握等調査に関する小委員会」を設置し、この調査結果に基づいて、同和問題の解決に向けた課題を整理した。

以下は、その要点である。

① 現状

同和地区においては、若い世代が就職や結婚のために同和地区外へ転出する傾向がみられ、全国平均に対して高齢化の比率が若干高くなっている。同和関係者が同和関係者以外の者と結婚するケースは増加の傾向を示している。また、住宅、道路等の物的な生活環境については改善が進み、全体的には、同和地区と周辺地域との較差はみられない。下水道普及率は、全国平均に比べて大幅に低くなっているが、都市規模別にみると、大きな差はみられない。

高等学校等進学率は向上してきており、ここ数年9割を超えているが、全国平均と比べるとなお数ポイントの差がみられる。最終学歴については、高等教育修了者（短大・大学等）の比率が20歳代、30歳代では40歳以上に比べてかなり高くなっているが全国平均との差はなお大きい。

就労状況は、若年齢層を中心に、安定化する傾向にあるが、全国平均と比較すると不安定な就労形態の比率が高くなっている。就労先は全体

的に小規模な企業の比率が高くなっている。また、年収の面では、全国平均に比べて全体的に低位に分布しており、世帯の家計の状況も、全般的にみると依然として全国平均よりも低位な状況にある。農業経営世帯は、小規模農家が多く、農業従事者が高齢化してきている。事業経営世帯では、小規模な個人経営が多い。

同和地区の人であるということで約３割の同和関係者が人権を侵害されたとしているが、公的機関に相談した者は少数にとどまっている。同和問題に関する国民の差別意識は、着実に解消へ向けて進んでいるものの、同和関係者との結婚問題を中心に依然として残っている。

隣保館の利用比率は高く、同和地区外住民も多数利用している。

地域改善対策の適正化については、改善された点もみられるものの、個人給付的事業の資格審査の実施、公営住宅等の家賃の見直し、地方公共団体単独事業の見直し、団体補助金の交付に際しての審査、公的施設の管理規程の整備などの点で、不十分な状況がみられる。

② これまでの成果と今後の主な課題

実態調査の結果からみて、これまでの対策は生活環境の改善をはじめとする物的な基盤整備がおおむね完了するなど着実に成果をあげ、様々な面で存在していた較差は大きく改善された。

しかし、高等学校や大学への進学率にみられるような教育の問題、これと密接に関連する不安定就労の問題、産業面の問題など、較差がなお存在している分野がみられる。差別意識は着実に解消へ向けて進んでいるものの結婚問題を中心に依然として根深く存在している。また、人権侵害が生じている状況もみられ、その際の人権擁護機関の対応はなお十分なものとは言えない。さらに、適正化対策もなお不十分な状況である。

同和問題の解決に向けた今後の主要な課題は、依然として存在している差別意識の解消、人権侵害による被害の救済等の対応、教育、就労、産業等の面でなお存在している較差の是正、差別意識を生む新たな要因を克服するための施策の適正化であると考えられる。これらの課題については、その背景に関して十分な分析を行い、適切な施策が講じられる

必要がある。

3．同和問題解決への展望

(1) これまでの対策の意義と評価

　同対法以来これまで三度にわたる特別法が制定され、四半世紀余にわたって同和地区、同和関係者に対象を限定した特別対策が実施されてきた。同対審答申の当時は、同和地区や同和関係者が事実上一般対策の枠外に置かれていたという状況や、心理的差別と実態的差別の相互作用が差別を再生産しているという悪循環がみられた。この悪循環を断ち切り、生活実態の早急な改善を図るには、迅速な事業の実施と全国的な水準の引上げを図ること等が必要とされ、これらの法律により期間を限って、国が財政上の特別措置を講じることにより、所要の施策の推進に努めてきた。

　このような考え方の下に推進されてきた特別対策は、極めて大きな意義をもつものであった。すなわち、物的な生活環境をはじめ様々な面で存在していた較差が大きく改善された。また、これによって物的な生活環境の劣悪さが差別を再生産するというような状況も改善の方向に進み、差別意識の解消に向けた教育及び啓発も様々な創意工夫の下に推進されてきた。さらに、対策の実施は全国的に進展し、地方公共団体にとって財政的負担が特に大きい物的な基盤整備はおおかた完了したとみられる。これらを総合的に勘案した場合、全般的にみれば、これまでの特別対策は現行法期限内におおむねその目的を達成できるものと考えられる。

　これまでの対策は上述のように大きな意義があったが、2（2）に述べたように深刻な課題が残されているとともに、現時点でみれば反省すべき点も少なくない。事業の実施に当たって周辺地域との一体性を欠いたり、啓発などのソフト面の取組みが不十分であったことにより、いわゆる「ねたみ意識」が表面化するなど差別意識の解消に逆行するひずみが指摘されてきた。また、これらの特別対策は、施策の適用上、地区や

住民を行政が公的に区別して実施されてきたものであり、それが住民の意識に与える影響等、この手法に内在する問題点も指摘されている。

（２）今後の施策の基本的な方向

　特別対策は、事業の実施の緊要性等に応じて講じられるものであり、状況が整えばできる限り早期に一般対策へ移行することになる。一方、教育、就労、産業等の面でなお存在している較差の背景には様々な要因があり、短期間で集中的に較差を解消することは困難とみられ、ある程度の時間をかけて粘り強く較差解消に努めるべきである。

　このようなことから、従来の対策を漫然と継続していたのでは同和問題の早期解決に至ることは困難であり、これまでの特別対策については、おおむねその目的を達成できる状況になったことから、現行法の期限である平成９年３月末をもって終了することとし、教育、就労、産業等のなお残された課題については、その解決のため、４で述べるような工夫を一般対策に加えつつ対応するという基本姿勢に立つべきである。

　本報告に盛り込まれた施策を実現していくため、法的措置の必要性を含め各般の措置について具体的に検討し、これに基づいて、国及び地方公共団体は、基本的人権の尊重と同和問題の一日も早い解決をうたった同対審答申の精神とこれまでの成果を踏まえつつ、それぞれがその責務を自覚し、今後とも一致協力して、これらの課題の解決に向けて積極的に取り組んでいく必要がある。

　同対審答申は、「部落差別が現存するかぎりこの行政は積極的に推進されなければならない」と指摘しており、特別対策の終了、すなわち一般対策への移行が、同和問題の早期解決を目指す取組みの放棄を意味するものでないことは言うまでもない。一般対策移行後は、従来にも増して、行政が基本的人権の尊重という目標をしっかりと見据え、一部に立ち遅れのあることも視野に入れながら、地域の状況や事業の必要性の的確な把握に努め、真摯に施策を実施していく主体的な姿勢が求められる。

4．今後の重点施策の方向

（１）差別意識の解消に向けた教育及び啓発の推進
① 基本的な考え方
　差別意識の解消のために教育及び啓発の果たすべき役割は極めて大きく、これまで様々な手法で施策が推進されてきた。しかしながら、同和問題に関する国民の差別意識は解消へ向けて進んでいるものの依然として根深く存在しており、その解消に向けた教育及び啓発は引き続き積極的に推進していかなければならない。

　教育及び啓発の手法には、法の下の平等、個人の尊重といった普遍的な視点からアプローチしてそれぞれの差別問題の解決につなげていく手法と、それぞれの差別問題の解決という個別的な視点からアプローチしてあらゆる差別の解消につなげていく手法があるが、この両者は対立するものではなく、その両者があいまって人権意識の高揚が図られ、様々な差別問題も解消されていくものと考えられる。

　今後、差別意識の解消を図るに当たっては、これまでの同和教育や啓発活動の中で積み上げられてきた成果とこれまでの手法への評価を踏まえ、すべての人の基本的人権を尊重していくための人権教育、人権啓発として発展的に再構築すべきと考えられる。その中で、同和問題を人権問題の重要な柱として捉え、この問題に固有の経緯等を十分に認識しつつ、国際的な潮流とその取組みを踏まえて積極的に推進すべきである。

　同様な観点から、「人権教育のための国連10年」に係る施策の中でも、同和問題を我が国の人権問題における重要な柱として捉え、今後策定される国内行動計画に基づいて教育及び啓発を積極的に推進し、同和問題に関する差別意識の解消に努めるべきである。

② 実施体制の整備と内容の創意工夫
　国や地方公共団体においては、これまでの積み上げられてきた成果や手法への評価を踏まえて、実施体制の整備や必要な施策について検討すべきである。その際、「人権教育のための国連10年」に係る施策の積極

的な推進等による差別意識の解消に向けた教育及び啓発の総合的かつ効果的な推進という観点を踏まえる必要がある。また、従来特別対策として行ってきた学校教育や社会教育の関係事業、及び就労対策、農林漁業対策、中小企業対策の中で行ってきたものを含む各種の啓発事業については、人権教育、人権啓発の推進という観点から再構成すべきである。

　公益法人等の公的な性格を有する民間団体、社会教育関係団体や民間企業も、今後の教育及び啓発において重要な役割を担うことが期待される。特に、財団法人地域改善啓発センターは、啓発活動の実践、多様な主体が実施する教育・啓発活動に対する情報提供など種々の支援等の面で引き続き重要な役割を果たしていくことが期待され、今後の教育及び啓発との関連において、その在り方を必要に応じ見直していくことが望まれる。

　今後の教育及び啓発を更に効果的なものとしていくためには、それぞれの主体における実施体制の整備とあわせ、多様な主体が連携協力するための横断的なネットワークの形成、その中核的な媒体となる情報データベースの整備、公務員研修等を通じた指導者の養成、優れた教材や手法を開発するための調査研究など、教育や啓発の共通基盤となる要素が整備される必要がある。また、人材養成等の観点から、大学教育においても人権問題に対する一層の対応が強く望まれる。

　教育及び啓発の内容の面でも、様々な課題に対する国際的な人権教育・啓発の成果、経験等も踏まえ、公正で広く国民の共感を得られるような更なる創意工夫を凝らし、家庭、地域社会、学校などの日常生活の中で実践的に人権意識を培っていくことが必要である。このため、例えば、多様な興味関心への対応、知識の伝達にとどまらない日常生活や地域の実態に即した実践性、感性への訴えかけ、誰もが参加しやすい明るく楽しい雰囲気づくりと意見や感想の自由な交換の重視、マスメディアの活用といった観点から、その内容・手法については一層の創意工夫を凝らしていくことが望まれる。

　また、いたずらに「禁句」にとらわれることにより、意識の中に建前

と本音の乖離が生じ、問題の本質の正しい理解が妨げられることのないよう、特に留意すべきである。その意味でもメディアの役割は重要である。

（２）人権侵害による被害の救済等の対応の充実強化
① 基本的な考え方
　同和問題の本質的な課題は、同和関係者に対する人権侵害の解消を図るとともに人権侵害が発生しないような社会的意識を確立することであるが、残念ながら今なお同和関係者に対する人権侵害が生じている。不幸にして人権侵害が発生した場合には、司法機関による解決のほか、人権擁護機関が中立公正な立場から相談、勧告等の対応をしてきたところであるが、現行の体制では被害の簡易迅速な救済という観点からはなお十分なものとは言えない。

　人権擁護制度の在り方は、その国の人権に対する姿勢を示していると言っても過言ではない。同和関係者に対する人権侵害などあらゆる人権侵害に対して、被害の救済を含めてより有効な対応が図られるよう、人権擁護制度の充実強化に取り組むべきである。教育及び啓発という観点からも、人権侵害が発生した際に、関係者に対し適切な人権擁護措置を講ずることは極めて大きな意味をもつものと考えられる。

② 人権侵害救済制度の確立
　あらゆる人権侵害に対して、事実関係の調査や被害の救済等を含め簡易迅速かつ有効適切な対応が図られるよう、各国の取組み等国際的な潮流も視野に入れ、現行の人権擁護制度を抜本的に見直し、21世紀にふさわしい人権侵害救済制度の確立を目指して鋭意検討を進めるべきである。

③ 人権擁護委員制度の充実と人権相談業務の推進
　上述のように人権擁護制度全般にわたって突っ込んだ検討が必要であるが、人権擁護委員制度の在り方についても、既に種々の問題点が指摘されているところであり、より積極的な活動が期待できる適任者を確保するための方策、人権擁護委員の活動をより活性化するための方策、さらには、その活動を実効あるものにするための方策等について、総合的

に検討する必要があるものと考えられる。

　人権相談業務は、人権侵害による被害の救済等の対応の端緒として重要な意味を持っている。法務局等の人権擁護機関と地方公共団体は相互に緊密な連携の下に、公共施設などの国民の利用しやすい場所において市民がいつでも気軽に相談できるような窓口の整備を積極的に進めるべきである。また、相談に応じる職員や人権擁護委員の対応能力の向上を図ることが不可欠である。さらに、人権擁護制度について国民に知ってもらうための努力も重要であり、教育・啓発活動と連携を図りつつ、人権相談業務の内容、相談体制について積極的に周知を図るべきである。

（３）地域改善対策特定事業の一般対策への円滑な移行

① 基本的な考え方

　既に述べたように、現行の特別対策の期限をもって一般対策へ移行するという基本姿勢に立つことは、同和問題の早期解決を目指す取組みの放棄を意味するものではない。今後の施策ニーズには必要な各般の一般対策によって的確に対応していくということであり、国及び地方公共団体は一致協力して、残された課題の解決に向けて積極的に取り組んでいく必要がある。

　この一般対策への移行を円滑に行うためには、下記に述べるような一部の事業等については一定の工夫が必要と考えられる。その具体化に当たっては、一般対策への移行の趣旨に照らせば限定的でなければならないが、既存の一般対策の状況、なお残されている課題の状況、地方公共団体の財政状況を踏まえた上で、これまでの施策の成果が損なわれるなどの支障が生ずることのないよう配慮すべきである。

② 工夫の方向

　環境改善の分野のうち、小集落地区等改良事業の場合は、既に着工済みであるが地対財特法期限までの事業完了が困難と見込まれるものがみられ、かつ、この事業を実施している地方公共団体の中には財政力の弱いものがみられることから、当該事業の完了に支障が生じることのないよう、国として適切に対応すべきである。また、小規模な集落におけ

る環境改善のニーズに全体として的確に応えられるよう、受皿としての面的整備事業の手法を検討すべきである。なお、公共下水道については、中小都市や町村において全国的に普及が遅れており、整備の促進が図られるべきである。

　社会福祉の分野においては、隣保館について、周辺地域を含めた地域社会全体の中で、福祉の向上や人権啓発の住民交流の拠点となる開かれたコミュニティーセンターとして、今後一層発展していくことが望まれる。地域の実態把握や住民相談といった基本的な機能に加え、教養文化活動の充実や地域のボランティアグループとの連携など地域社会に密着した総合的な活動を展開し、さらにこれらの活動を通じて日常生活に根ざした啓発活動を行うことが期待される。このため、隣保館等の地域施設において各種の事業を総合的にかつ活発に展開することができるよう、国として適切に対応すべきである。また、保育についても、家庭環境に対する配慮や地域との連携など、きめ細かな保育を行っていけるよう、国として適切に対応すべきである。

　教育の分野においては、高等学校の進学率や中退率、また大学への進学率をみても全国平均と比べてなお較差がみられる状況であり、その背景にある様々な要因も考慮した場合、教育を巡る課題は今なお多く、較差の解消にはある程度の時間を要するものと考えられる。高等学校等進学奨励費補助事業については、教育が就労の安定、生活水準の向上等社会生活の多くの分野の改善を図る上での基礎的条件をなすものであることにかんがみ、他の奨学資金制度との整合性、運用の適正化等、様々な論議に留意しながら、当面、所要の施策を講ずることが望ましいと考えられる。その際、これまでの成果が損なわれることのないよう十分配慮し、自立促進の観点に立ち、今後一層の進学意欲と学力の向上を目指して、学校、家庭、地域社会が一体となった総合的な取組みが必要である。

　就労の分野においては、中高年齢層を中心に不安定就労者の比率が全国平均と比べて高い状況であり、就労を巡る課題は今なお多く、較差の解消にはある程度の時間を要するものと考えられる。職業の安定は、直

接生活水準の向上に寄与し、社会生活の改善を図る上で基本となるものである。このため、若年齢層を含めた一層の就労の安定を目指し、施策のニーズを踏まえ、全体の体系の中で受皿としての事業の検討を含め国として適切に対応すべきである。

農林漁業対策の分野においては、経営基盤の小規模零細性、高齢化、担い手の減少などの問題を抱えており、小規模零細な農林漁業者における生産基盤や共同利用施設の整備について、全体の体系の中で受皿としての事業の検討を含め国として適切に対応し、農林漁業の振興に努めるべきである。

中小企業対策の分野においては、生活水準の較差等につながる経営面での較差を是正するため、中小企業の共同化の促進、巡回相談等について全体の体系の中で受皿としての事業の検討を含め国として適切に対応し、中小企業の振興に努めるべきである。

相談員、指導員等については、受皿の検討を含め円滑な移行に努めるべきである。

（4）今後の施策の適正な推進

① 基本的な考え方

これまでの当協議会意見具申等の中で、行政の主体性の確立、同和関係者の自立向上、えせ同和行為の排除、同和問題についての自由な意見交換のできる環境づくりの必要性が指摘されているが、今日においてもなお十分な状況とは言えない。それだけ、この問題の難しさがあるものと考えられるが、引き続き、これらを達成するための息の長い取組みが必要である。

② 行政の主体性の確立

これまでの指摘を踏まえた国や地方公共団体の努力により、改善された点もみられるものの、残念ながら、実態調査の結果からみてなお課題が残されている状況であり、具体的な問題点について引き続き厳しく是正すべきである。

このため、行政職員の研修の体系的な実施に努めるとともに、個人給

付的事業における返還金の償還率の向上等の適正化、著しく均衡を失した低家賃の是正、民間運動団体に対する地方公共団体の補助金等の支出の一層の適正化、公的施設の管理運営の適正化、教育の中立性の確保について、引き続き関係機関を指導すべきである。また、国税の課税については、国家行政の根幹にかかわる問題であり、その公正を疑われることのないよう、より一層の主体性をもって引き続き適正・公平な課税の確保に努力すべきである。地方税の減免措置についてもその一層の適正化に今後とも取り組むべきである。さらに、行政の監察・監査・会計検査等については、必要に応じてこれらの機能の一層の活用が図られるべきである。

また、今後、行政には、3でも述べたように、基本的人権の尊重という目標をしっかりと見据え、真摯に、かつ的確に、地域の状況や事業の必要性に応じ、施策を実施していく主体的な姿勢が求められる。

③ 同和関係者の自立向上

現在の同和地区が真に住みよい地域社会としてさらに発展していくためには、ソフト面での自主的な住民活動が重要であり、これを促進するためには、同和関係者の意識の醸成や指導者となる人材の養成が必要である。また、同和問題の解決を図る上で同和関係者の自立への意欲は重要な要素である。このため、教育や啓発の中で同和関係者の自立向上という目標を重視し、それらを支援するための方策も検討すべきである。

④ えせ同和行為の排除

えせ同和行為は、その行為自体が問題とされ排除されるべきものであるだけでなく、差別意識の解消に向けた教育や啓発の効果を覆し、同和問題の解決に真剣に取り組んでいる者や同和関係者に対する国民のイメージを著しく損ねるものである。そして、国民に対して、この問題に対する誤った意識を植え付け、同和問題解決の大きな阻害要因となっている。法務省が平成7年1月に実施したえせ同和行為実態把握のためのアンケート調査によれば、1事業所当たりの要求件数の減少、要求に対する拒否率の上昇など改善された点もみられるものの、全体的には被害

が依然として深刻な状況である。これまで、昭和62年に国がえせ同和行為対策中央連絡協議会を設置してえせ同和対策大綱を策定し、これに基づき情報交換、手引書の作成、啓発などに取り組んでいるが、被害が依然として深刻であることにかんがみ、えせ同和行為の排除の一層の強化を図るべきである。

えせ同和行為に対処するには、同和問題を正しく理解することが何よりも重要である。また、刑事事件に該当するものについては引き続き厳格に対処すべきであり、不当要求には毅然とした態度をとること、組織全体で対応すること、法務局、警察の暴力団取締担当部署、弁護士会の民事介入暴力被害者救済センターなどに早期に相談すること等を行政機関、企業等に更に徹底すべきである。なお、同調査結果では、えせ同和行為に対して行政機関が無責任な対応をし、企業が不信感を持っていることをうかがわせる事例もみられることから、行政機関が率先して毅然とした態度をとるよう特に徹底すべきである。

⑤ 同和問題についての自由な意見交換のできる環境づくり

「同和問題はこわい問題であり避けたほうがよい」という風潮は、依然としてえせ同和行為が横行する背景となり、行政の主体性の欠如を生み、この問題に関する自由な意見交換を阻害してきた。教育や啓発を真に実効あるものとし、人権が尊重される社会を築きあげていくには、その基盤として同和問題に対する正しい認識を深めるための自由な意見交換のできる環境づくりが不可欠である。同時に、教育や啓発に当たって、意見や感想を表明しやすい方法を工夫することも重要と考えられる。

(5) その他

国においては、「人権教育のための国連10年」に係る施策の積極的な推進等を通じ、同和問題をはじめとする差別意識の解消に向けた教育及び啓発を総合的かつ効果的に推進できるよう、その体制の在り方について検討する必要があると考えられる。その際、既に述べた「人権の世紀」とも言うべき21世紀に向けた今後の政府全体としての取組みにおける連絡調整体制についてもその在り方を併せて検討すべきである。

地方公共団体においても、本報告を受けた国の施策の今後の方向及びその趣旨を踏まえ、地方単独事業について更に見直しを行うことが強く望まれるほか、同和問題の解決と人権の尊重に向けた行政の取組みについて改めて検討すべき時期にきているものと考えられる。その際、国と同様、「人権教育のための国連10年」に係る施策の推進体制の在り方や「人権の世紀」とも言うべき21世紀に向けた今後の取組みにおける連絡調整体制の在り方についても検討すべきである。

奥田 均（おくだ ひとし）
1952年生まれ。現在、近畿大学・人権問題研究所教授。博士（社会学）。
部落解放・人権研究所代表理事
［主な著書］
『人権のステージ―夢とロマンの部落解放』（解放出版社、1998年）
『人権の宝島冒険―2000年部落問題調査・10の発見』（部落解放・人権研究所、2002年）
『土地差別問題の研究』（解放出版社、2003年）
『土地差別―部落問題を考える』（解放出版社、2006年）
『結婚差別―データで読む現実と課題』（部落解放・人権研究所、2007年）
『見なされる差別―なぜ、部落を避けるのか』（解放出版社、2007年）
『同和行政がきちんとわかるQ＆A』（共著、解放出版社、2008年）
『差別のカラクリ』（解放出版社、2009年）
『「人権の世間」をつくる』（解放出版社、2013年）など

「同対審」答申を読む

2015年7月10日　初版第1刷発行
2015年11月16日　初版第3刷発行

著者　奥田 均

発行　株式会社 解放出版社
　　　大阪市港区波除4-1-37 HRCビル3階　〒552-0001
　　　電話 06-6581-8542　FAX 06-6581-8552
　　　東京営業所
　　　東京都千代田区神田神保町2-23 アセンド神保町3階　〒101-0051
　　　電話 03-5213-4771　FAX 03-3230-1600
　　　ホームページ　http://www.kaihou-s.com/

装幀　森本良成
印刷　モリモト印刷

Ⓒ Hitoshi Okuda 2015, Printed in Japan
ISBN978-4-7592-1030-9　NDC361.86　119P　21cm
定価はカバーに表示しています。落丁・乱丁はお取り換えいたします。